하루를 비추는 철학 수업

오늘은 세네카

루키우스 안나이우스 세네카

김누리 엮음

저자 소개

로마 제국 최고의 권력자 곁에서 국정을 이끌었고, 외딴 섬에서 8년을 유배자로 보냈다. 엄청난 부를 축적했고, 모든 것을 빼앗긴 채 스스로 목숨을 끊어야 했다. 세네카의 삶은 극단의 연속이었다. 그래서 그의 철학은 서재에서 나온 이론이 아니다. 삶의 정점과 바닥을 모두 경험한 사람이 남긴 기록이다.

기원전 4년경, 세네카는 히스파니아(현 스페인) 코르도바에서 태어났다. 아버지는 로마에서 명성을 떨치던 수사학자였고, 집안은 부유했다. 어린 시절 로마로 이주한 그는 당대 최고의 교육을 받았다. 수사학, 문학, 철학을 두루 섭렵했으며, 특히 스토아 철학에 깊이 빠져들었다. 청년 세네카는 한때 건강 악화로 이집트에서 요양 생활을 하기도 했는데, 이 시기에 자연과학과 지리학에 대한 관심도 넓혔다. 로마로 돌아온 그는 변호사와 재무관으로 활동하며 정계에 발을 들였고, 뛰어난 웅변 실력으로 명성을 얻었다.

그러나 권력의 세계는 위험했다. 41년, 세네카는 황후 메살리나의 미움을 사 간통 혐의로 고발당했다. 사형 선고가 내려졌으나 유배로 감형되었고, 그는 지중해의 거친 섬 코르시카로 보내졌다. 여덟 해 동안 그는 그곳에 머물렀다. 화려했던 로마의 삶과는 완전히 다른 세계였다. 하지만 세네카는 무너지지 않았다. 오히려 유배지에서 가장 깊은 사유를 시작했다. 어머니 헬비아에게 보내는 위로의 글을 썼고, 분노와 마음의 평정에 관한 철학 논문들을 집필했다. 그는 글 속에서 이렇게 말했다. “어디에 있든 중요하지 않다. 어떤 마음으로 있느냐가 중요하다.”

49년, 새 황후 아그리피나의 주선으로 세네카는 로마로 돌아왔다. 그리고 예상치 못한 역할이 그를 기다리고 있었다. 열두 살 소년 네로의 스승이 된 것이다. 세네카는 미래의 황제에게 철학과 수사학, 그리고 통치의 덕목을 가르쳤다. 54년 네로가 열여섯 살에 황제가 되자, 세네카는 근위대장 부루스와 함께 실질적으로 제국을 이끌었다. 이 시기 로마는 비교적 안정되고 번영했다. 세네카는 권력의 정점에 있으면서도 저술을 멈추지 않았다. 《관용에 관하여》, 《행복한 삶에 관하여》, 《인생의 짧음에 관하여》 등 그의 대표작 대부분이 이 시기에 쓰였다.

하지만 네로는 점점 변해갔다. 어머니 아그리피나를 살해하고, 아내를 죽이고, 폭정을 일삼았다. 세네카는 여러 차례 은퇴를 청했으나 받아들여지지 않았다. 62년, 그는 마침내 공직에서 물러났고 재산 대부분을 황제에게 반납했다. 남은 시간 동안 그는 오직 글쓰기에만 몰두했다. 친구 루킬리우스에게 보내는 124통의 편지, 훗날 《도덕 서간집》으로 불리게 될 이 글들은 그의 철학적 유언과도 같았다.

65년, 피소의 반란 음모가 발각되었다. 세네카는 연루되었다는 혐의를 받았다. 실제로 가담했는지는 알 수 없다. 네로는 그에게 자결을 명령했다. 세네카는 담담하게 받아들였다. 그의 마지막 모습은 역사가 타키투스에 의해 기록되었다. 세네카는 울고 있는 친구들을 다독이며 말했다. "지금까지 내가 가르친 철학은 어디에 있는가? 우리는 이런 일이 올 수 있다는 것을 알지 않았던가?" 그는 정맥을 끊었고, 독약을 마셨으며, 뜨거운 물에 몸을 담갔다.

주요 저작 연표

연대(추정)	저작명
서기 34 – 40년경	마르키아에게 보내는 위로
서기 42 – 43년경	어머니 헬비아에게 보내는 위로
서기 43 – 44년경	폴리비우스에게 보내는 위로
서기 41년 이후(대체로 40년대 중반)	분노에 관하여
서기 49년경	인생의 짧음에 관하여
서기 55 – 56년	관용에 관하여
서기 58년경	행복한 삶에 관하여
서기 49 – 62년(대체로 60년경)	마음의 평정에 관하여
서기 56 – 64년경(연대 불확정)	섭리에 관하여
서기 62년경	여가에 관하여
서기 62 – 64년경	자연의 문제들
서기 62 – 65년	루킬리우스에게 보내는 도덕 서간집(124통)

* 연대는 고대 문헌의 특성상
정확한 집필·발표 시점이 확정되지 않은 경우가 있어,
통용되는 추정 연대(년경/범위)로 기재함.

들어가며

왜 이렇게 쉽게 흔들릴까. 별것 아닌 말 한마디에 하루가 무너지고, 예상과 다르게 흘러가는 일에 마음이 어지럽습니다. 잘 되던 일이 갑자기 틀어지면 괜히 불안해지고, 남들은 다 잘 사는 것 같은데 나만 제자리인 것 같습니다. 이런 기분이 들 때마다 스스로에게 묻습니다. 어떻게 하면 덜 흔들릴 수 있을까. 무슨 일이 생겨도 괜찮아질 수 있을까. 이런 질문들 앞에서 우리는 종종 답을 찾지 못합니다.

마음을 고요하게 유지하기란 쉽지 않습니다. 감정은 쉽게 요동치고, 외부 상황은 내 뜻대로 되지 않습니다. 작은 일에도 흔들리고, 아직 일어나지 않은 일을 걱정하며, 이미 지나간 일을 후회합니다. 특히 요즘은 정보가 끊임없이 쏟아져 비교하게 되고, 변화에 뒤처지면 안 된다는 압박을 받습니다. 미래에 대한 불확실성은 커져만 가는데, 정작 자신을 돌볼 시간은 점점 사라집니다. 잠시도 멈출 수 없다는 느낌 속에서 마음은 더 지치고 예민해집니다.

2천 년 전 로마에서도 사람들은 같은 고민을 했습니다. 정치적 격변과 전쟁, 하루아침에 뒤바뀌는 운명 앞에서 그들

역시 물었습니다. 무엇이 진짜 중요한 것인지, 어떻게 살아야 후회가 남지 않는지, 세상이 아무리 시끄러워도 어떻게 나로 남을 수 있는지 말입니다.

세네카는 이 질문들 한가운데 서 있던 사람입니다. 로마 제국의 실권자로서 황제 곁에서 국정을 이끌었고, 정치적 음모에 휘말려 외딴 섬에서 8년을 보냈습니다. 엄청난 부를 쌓았다가 모든 것을 잃었고, 결국 황제의 명령으로 스스로 목숨을 끊어야 했습니다. 그는 삶의 정점과 바닥을 모두 지나온 뒤, 끝까지 자신에게 같은 질문을 던졌습니다. 그렇기에 그의 철학은 책상 위에서 나온 이론이 아닙니다. 직접 부딪히고 넘어지며 얻은 답입니다.

세네카가 내린 결론은 의외로 단순합니다. 내 힘으로 바꿀 수 없는 일에 마음을 소모하지 말라는 것. 날씨도, 타인의 마음도, 이미 지나간 일도 내 뜻대로 되지 않습니다. 그런 것들에 매달릴수록 우리는 더 흔들립니다. 대신 오직 하나, 내가 어떤 태도를 취할 것인가에 집중하라고 그는 말합니다. 상황은 바뀌지 않아도, 그 상황을 받아들이는 방식은 바꿀 수 있다는 것입니다.

이 생각은 스토아 철학의 핵심이기도 합니다. 스토아 철학은 감정을 억누르라는 가르침이 아닙니다. 감정이 어디서 오는지 이해하고, 그 감정에 끌려다니지 않는 힘을 기르는 일입니다.

세네카의 글이 불편하게 느껴질 때도 있습니다. 핑계를 허락하지 않기 때문입니다. "상황이 어쩔 수 없었다"는 말 대신 "그래서 나는 어떻게 했는가"를 묻습니다. 하지만 그 엄격함 속에 묘한 자유가 있습니다. 남 탓, 환경 탓을 멈추는 순간 오히려 내가 할 수 있는 일이 선명해집니다. 바꿀 수 없는 것에 매달리느라 소진되던 에너지가 비로소 내게로 돌아옵니다.

이 책에는 루킬리우스에게 보내는 도덕 서간집, 행복한 삶에 관하여, 분노에 관하여 등 세네카의 주요 저작에서 가져온 문장들을 엮었습니다. 이 문장들이 잠시 멈춰 자신을 돌아보는 시간이 되기를 바랍니다. 무엇이 와도 쉽게 무너지지 않는 삶, 그 첫걸음이 되기를 바랍니다.

※ 각 챕터 본문 말미의 '마무리 문장'은 원문의 뜻을 살려
현대적으로 풀어쓴 의역임을 밝힙니다.

※ 본문의 흐름과 독자의 이해를 돕기 위해 소제목을 임의로 추가하였습니다.

루키우스 안나이우스 세네카

차례

제1부 시간과 자기 삶의 주도권
: 한 번뿐인 생을 다루는 기술

제2부 감정과 마음의 통제
: 흔들림 속에서도 평정을 지키는 힘

제3부 관계와 덕성의 철학
: 타인과 더불어 살아가는 지혜

제4부 삶의 지혜와 행동의 실천
: 자연에 따르고 운명에 응답하는 삶

제1부

시간과 자기 삶의 주도권

: 한 번뿐인 생을 다루는 기술

흘러가는 것이 아니라 선택하는 것이다 | 삶을 배우려면 먼저 죽음을 배워라 | 모든 새로운 시작은 다른 시작의 끝에서 나온다 | 완벽하게 하려다 아무것도 못 한다 | 시간과 인내는 최강의 전사들이다 | 하루의 끝에서 나를 만나라 | 미래를 기다리느라 오늘을 잃지 말라

흘러가는 것이 아니라 선택하는 것이다

"모든 것은 타인의 것이고,
오직 시간만이 우리의 것이다."

— 세네카, 『루킬리우스에게 보내는 도덕 편지』 제1서

아침에 눈을 떠서 스마트폰을 확인한다. 메신저, 뉴스, SNS의 각종 알림들. 잠깐만 보려던 것이 어느새 30분이 되고, 1시간이 된다. 서둘러 출근 준비를 하고, 지하철에서도 스마트폰을 본다. 퇴근 후에는 유튜브를 틀어놓고 저녁을 먹는다. 잠들기 전에도 숏폼 영상을 넘기다 보면 어느새 자정이다. 그렇게 하루가 끝난다. 이런 하루가 일주일이 되고, 한 달이 되고, 1년이 된다. 문득 생각해보면 '나는 오늘 뭘 했지?'라는 질문에 명확하게 대답하기 어려울 때가 많다.

2천 년 전 로마에서도 비슷한 고민을 한 사람이 있었다. 철학자이자 정치가였던 세네카다. 당시 로마는 물질적 풍요와 권력을 최고의 가치로 여기던 시대였지만, 세네카는 인간이 진정으로 소유할 수 있는 것은 오직 시간뿐이라는 생각을 품었다. 부와 명예, 지위와 소유물은 모두 언제든 빼앗길 수 있지만, 주어진 시간만큼은 오롯이 우리 자신의 것이다. 세네카는 친구 루킬리우스에게 보낸 편지에 이렇게 적었다. "자신을 되찾아라. 그리고 지금까지 빼앗기거나 도둑맞거나 흘려보낸 시간을 모아서 간직하라." 이 조언은 단순한 시간 관리의 방법이 아니라 삶의 본질에 대한 깊은 성찰을 담고 있다. 시간이 우리 존재의 근본이며, 시간을 어떻게 사용하느냐가 곧 우리가 어떤 인생을 살아가느냐를 결정한다는 것이다. 따라서 시간을 소중히 여기고 현명하게 활용하는 것이야말로 진정한 지혜라고 할 수 있다.

역설적이게도 현대를 사는 우리는 시간이 가장 부족하다고 느낀다. 기술의 발달로 모든 것이 빨라졌지만, 오히려 우리는 더 바쁘고 급하게 살아간다. 스마트폰 속 수많은 알림들이 우리의 주의를 분산시키고, 소셜미디어는 끝없는 비교와 경쟁으로 우리를 내몰고 있다. 우리는 시간을 절약하겠다는 명목으로 멀티태스킹을 하지만, 결국 어떤 일도 제대로 완성하지 못한 채 하루를 보내게 된다. 현대인들이 겪는 번아웃과 우울증의 상당 부분이 시간에 대한 잘못된 인식에서 비롯된다. 우리는 시간을 마치 돈처럼 저축하거나 투자할 수 있는 자원으로 착각하지만, 시간은 흘러가는 순간순간이 곧 우리의 삶 자체다. 세네카의 말처럼 시간은 우리가 가진 유일한 소유지만, 동시에 가장 쉽게 낭비하는 자원이기도 하다.

시간만이 진정 우리 것임을 깨닫는 순간, 삶에 대한 관점이 근본적으로 바뀐다. 돈은 잃어도 다시 벌 수 있고, 건강을 잃어도 회복할 수 있지만, 지나간 시간은 절대 되돌릴 수 없다. 이 불가역적 특성이야말로 시간을 가장 귀중한 자산으로 만드는 이유다. 부자든 가난한 자든, 권력자든 평범한 시민이든, 모든 인간에게는 하루 24시간이 공평하게 주어진다. 다만 차이가 나는 것은, 그 시간을 어떻게 의식하고 활용하느냐에 있다. 세네카는 이렇게 물었다. “시간에 가치를 매기고, 하루를 귀하게 여기며, 자신이 매일 죽어가고 있음을 이해하는 사람이 과연 얼마나 되겠는가?” 성공한 사람들의 공통점을 살펴보면, 그들은 모두 시간의 소중함을 깊이 인식하고 있으며 자신의 시간을 의도적이고 분명한 목적에 따라 사용한다. 반면 인생에 대한 불만이 많은 사람들은 대부분 시간을 의식 없이 흘려보내거나 타인이나 외부 상황에 의해 시간이 좌우되도록 내버려둔다. 시간에 대한 주도권을 갖는 것이 곧 삶에 대한 주도권을 갖는 것이다.

바쁜 현대 생활 속에서 시간을 의식적으로 사용한다는 것은 무엇을 의미할까? 그것은 먼저 자신의 시간이 어디로 가고 있는지를 정확히 파악하는 것에서 시작된다. 대부분의 사람들은 자신이 시간을 어떻게 사용하고 있는지 정확히 알지 못한다. 하루 중 소셜미디어를 보는 데 몇 시간을 쓰는지, 의미 없는 걱정에 얼마나 많은 시간을 할애하는지, 진정으로 중요한 일에는 얼마나 많은 시간을 투자하는지 객관적으로 측정해본 적이 없다. 세네카는 "우리 삶의 대부분은 잘못된 일을 하면서 흘러가고, 가장 큰 부분은 아무것도 하지 않으면서 흘러가며, 전부는 엉뚱한 일을 하면서 흘러간다"고 경고했다. 시간을 의식적으로 사용하기 위해서는 일주일 정도 자신의 시간 사용 패턴을 기록해보는 것도 좋은 방법이다. 이러한 분석을 통해 시간 도둑들을 찾아내고, 진정으로 가치 있는 활동에 더 많은 시간을 할애할 수 있게 된다. 완벽하게 관리하려고 애쓸 필요는 없다. 그저 '내가 정말 원하는 방향으로 시간을 쓰고 있나?' 하고 가끔 스스로에게 물어보는 것만으로도 충분하다. 시간은 단순히 효율적으로 관리해야 할 자원이 아니라 우리의 삶을 만들어가는 기본 재료이기 때문이다.

시간을 의식적으로 사용하는 가장 중요한 방법 중 하나는 과거와 미래에 얽매이지 않고 현재에 온전히 집중하는 것이다. 현대인들의 가장 큰 문제는 몸은 현재에 있지만 마음은 과거의 후회나 미래의 불안에 사로잡혀 있다는 점이다. 과거에 대한 후회로 시간을 낭비하는 것은 이미 지나간 일에 현재의 귀중한 시간을 헌납하는 것과 같다. 과거는 교훈을 얻기 위한 참고 자료일 뿐, 거기에 머물러서는 안 된다. 마찬가지로 미래에 대한 과도한 걱정과 계획 역시 현재 순간의 가치를 놓치게 만든다. 물론 미래를 준비하는 것은 중요하지만, 미래는 결국 현재 순간들의 누적으로 만들어진다. 세네카는 "미루는 사이에 인생은 흘러간다"고 말했다. 따라서 지금 이 순간에 최선을 다하는 것이 곧 가장 좋은 미래 준비다. 현재에 집중한다는 것은 지금 하고 있는 일에 온전히 몰입하는 것을 의미한다. 식사할 때는 음식의 맛과 향을 온전히 느끼고, 대화를 할 때는 상대방의 말에 완전히 귀를 기울이며, 일을 할 때는 그 일에만 집중하는 것이다. 이렇게 살다 보면 똑같은 하루도 훨씬 충만하게 느껴진다.

시간 낭비의 본질을 이해하는 것 역시 중요하다. 시간 낭비는 단순히 게으름을 피우거나 아무것도 하지 않는 것이 아니다. 가장 큰 시간 낭비는 자신의 가치와 목표에 부합하지 않는 일에 시간을 쓰는 것이다. 남들의 기대에 부응하기 위해 원하지 않는 일을 하거나, 타인과의 비교에 매몰되어 진짜 중요한 것을 놓치거나, 완벽주의에 사로잡혀 시작조차 하지 못하는 것들이 모두 시간 낭비에 해당한다. 또한 의사결정을 미루는 것 역시 큰 시간 낭비다. 결정을 미루는 동안에도 시간은 계속 흐르고, 그 시간에 다른 생산적인 일을 할 수 있었기 때문이다. 시간 낭비에서 벗어나기 위해서는 먼저 자신의 핵심 가치와 목표를 명확히 해야 한다. 나에게 진짜 중요한 게 뭔지 알아야 거기에 맞게 시간을 나눌 수 있다. 그리고 '아니요'라고 말할 수 있는 용기가 필요하다. 모든 요청을 다 들어줄 수는 없으며, 한정된 시간 안에서 선택과 집중이 필요하다. 시간 낭비를 줄이는 실용적인 방법은 하루를 마무리할 때 '오늘 내가 한 일 중에서 진정으로 의미 있었던 것은 무엇인가?'라는 질문을 스스로에게 던져보는 것이다.

시간을 더 소중히 여기게 만드는 가장 강력한 방법은 바로 죽음의 유한성을 인식하는 것이다. 세네카는 "우리는 죽음을 먼 미래의 일로 바라보는데, 사실 죽음의 대부분은 이미 지나갔다. 지나간 모든 시간은 죽음이 차지하고 있다"고 말했다. 어둡게 들릴 수 있지만, 사실 이 생각은 우리를 더 생생하게 살아가게 만든다. 죽음이 언젠가는 반드시 온다는 사실을 받아들일 때, 우리는 시간의 진정한 가치를 깨닫게 된다. 무한하다고 착각했던 시간이 실은 매우 제한적이며, 그렇기 때문에 더욱 소중하다는 것을 알게 된다. 죽음에 대한 인식은 우리로 하여금 진정으로 중요한 것과 그렇지 않은 것을 구분하게 만든다. 사소한 다툼이나 의미 없는 걱정에 시간을 쓸 여유가 없음을 깨닫게 되고, 사랑하는 사람들과의 시간, 자신의 성장과 기여, 진정한 기쁨을 주는 활동에 더 많은 시간을 투자하게 된다. 죽음의 유한성을 의식하며 살아가는 사람은 날마다 충실하게 산다. 이는 절망적인 태도가 아니라, 오히려 삶에 대한 깊은 감사와 책임감을 가지고 살아가는 성숙한 자세다.

그렇다면 지금 이 순간, 당신은 자신의 시간을 진정으로 소유하고 있는가? 당신의 하루 24시간은 누구의 의지에 따라 흘러가고 있는가? 외부의 요구와 기대에 끌려다니며 시간을 보내고 있지는 않은가? 세네카는 사람들의 모순을 안

타까워했다. 가장 하찮고 쉽게 보충할 수 있는 것을 받으면 빚진 것처럼 여기면서, 정작 시간을 선물 받으면서는 아무런 빚도 지지 않았다고 생각한다는 것이다. 나중에 돌아봤을 때, 지금처럼 시간을 쓴 것을 후회하지 않을 자신이 있는가? 이러한 질문들은 결코 가볍지 않다. 이 질문들에 정직하게 답하다 보면, 우리는 자연스럽게 시간에 대한 새로운 관점을 갖게 된다. 시간은 그냥 흘러가는 것이 아니라 우리가 의식적으로 선택하고 사용해야 하는 것이다. 매 순간 우리는 이 시간을 어떻게 사용할지 선택할 수 있는 자유와 책임을 가지고 있다. 그 작은 선택들이 모여 결국 우리의 인생이 된다.

시간을 진정으로 자신의 것으로 만들기 위해서는 구체적인 실천이 필요하다. 매일 아침 일어나서 오늘 가장 중요한 일 세 가지를 정해보는 건 어떨까. 무엇이 정말 중요한지, 어떤 일에 가장 많은 에너지를 쏟을지 의식적으로 결정하는 것이다. 또한 매일 저녁 잠들기 전에는 그날 하루를 돌아보는 시간을 가져보자. 시간을 잘 사용했는지, 어떤 부분에서 개선이 필요한지 성찰해보는 것이다. 스마트폰 알림을 꺼두거나 한 번에 한 가지 일에만 집중하는 연습을 해보는 것도 좋다. 타인의 급한 요청에 즉시 반응하기보다는 잠깐 멈춰서 생각해보는 습관을 들여보자. 결국 가장 중요한 건 이것이다. 내 시간의 주인은 나라는 것. 우리의 시간은 우리의 것이며, 그 시간을 어떻게 사용할지는 오직 자신만이 결정할 수 있다.

세네카가 남긴 이 한마디를 곱씹어보자. “모든 것은 타인의 것이고, 오직 시간만이 우리의 것이다.” 삶이란 무엇인가, 어떻게 살아야 하는가에 대한 답이 여기에 있다. 시간을 진정으로 자신의 것으로 만드는 사람은 외부 상황에 흔들리지 않는 내적 자유를 얻게 된다. 다른 모든 것은 빼앗길 수 있지만, 주어진 시간을 어떻게 사용할지에 대한 선택권만은 누구도 빼앗을 수 없기 때문이다. 오늘부터 우리의 시간을 진정으로 소유해보자. 의식적이고 의도적으로 시간을 사용해보자. 그렇게 할 때 비로소 ‘내 인생을 살고 있다’고 말할 수 있을 것이다.

“삶을 사용하는 법을 안다면,
인생은 길다.”

삶을 배우려면 먼저 죽음을 배워라

"죽음을 연습하라.
이것은 곧 자유를 연습하라는 말이다."
— 세네카, 『루킬리우스에게 보내는 도덕 편지』 제26서

스티브 잡스는 매일 아침 거울을 보며 스스로에게 물었다고 한다. '오늘이 내 인생의 마지막 날이라면, 지금 하려는 일을 할 것인가?' 며칠 연속으로 '아니요'라는 답이 나오면 뭔가를 바꿔야 할 때라는 신호로 받아들였다. 그는 17살 때 읽은 어떤 글에서 깊은 인상을 받았는데, 그 내용은 이랬다. "매일을 인생의 마지막 날처럼 산다면, 언젠가는 틀림없이 제대로 살게 될 것이다." 흥미롭게도 이 생각의 뿌리는 2천 년 전 로마로 거슬러 올라간다. 세네카는 죽음을 먼 미래의 사건으로 보지 않았다. 그에게 죽음은 지금 이 순간에도 진행 중인 과정이었다. 우리가 살아온 모든 날은 이미 돌이킬 수 없이 지나갔고, 그 시간은 다시 돌아오지 않는다. 그런 의미에서 우리는 태어난 순간부터 조금씩 죽어가고 있는 셈이다. 그러니 삶과 죽음은 별개가 아니라 같은 과정의 다른 이름인 셈이다.

'죽음을 생각하라'는 말을 처음 들으면 불길하거나 우울하게 느껴질 수 있다. 하지만 세네카는 죽음을 두려워하라고 말한 것이 아니었다. 오히려 죽음이라는 피할 수 없는 현실을 깊이 성찰함으로써 삶의 진정한 가치를 발견하라고 한 것이다. 세네카는 이렇게 말했다. "죽음을 연습하라. 이것은 곧 자유를 연습하라는 말이다. 죽는 법을 배운 사람은 노예가 되는 법을 잊은 사람이다." 죽음은 모든 생명체에게 공평하게 주어진 유일한 확실성이다. 우리가 언제 어떻게 죽을지는 알 수 없지만, 언젠가는 반드시 죽는다는 사실만큼은 의심의 여지가 없다. 바로 이 확실성 앞에서 우리는 비로소 진정한 삶의 의미를 마주하게 된다.

요즘 사회는 죽음을 철저히 숨기려 한다. 죽음의 자리가 병원과 요양원으로 옮겨가면서 일상에서 죽음의 현실이 감춰지고 있다. 미디어는 영원한 젊음과 불멸을 추구하라고 부추기며, 안티에이징과 건강 관리 산업이 거대한 시장을 형성하고 있다. 이런 문화 속에서 사람들은 죽음을 생각하는 것 자체를 병적이거나 부정적인 것으로 여기게 되었다. 하지만 세네카는 오히려 죽음을 외면하는 것이야말로 삶을 제대로 살지 못하게 만드는 원인이라고 보았다. 죽음의 현실을 받아들이고 매일 그것을 기억할 때, 우리는 비로소 시간의 소중함을 깨닫고 진정으로 중요한 것이 무엇인지 알게 된다. 죽음을 생각한다는 것은 절망에 빠지는 것이 아니라, 오히려 삶에 대한 각성이다.

죽음을 인정하면 삶이 놀라울 정도로 단순해진다. 수많은 선택의 기로에서 헤매던 우리에게 죽음은 명확한 기준을 제시한다. 죽음을 앞둔 사람들이 후회하는 것들을 살펴보면 공통된 패턴이 있다. 타인의 기대에 맞추기 위해 자신의 진정한 꿈을 포기한 것, 바쁘다는 핑계로 소중한 사람들과 충분한 시간을 보내지 못한 것, 완벽주의에 사로잡혀 도전을 두려워한 것, 사소한 일로 분노하고 원망하며 시간을 낭비한 것 등이다. 이런 후회들은 역설적으로 우리에게 어떻게 살아야 하는지를 분명히 알려준다. 죽음의 관점에서 보면 진정으로 중요한 것과 그렇지 않은 것이 선명하게 구분된다. 타인의 평가나 사회적 지위보다는 내적 성장과 인간다운 삶이 더 중요하다는 것을 알게 된다. 물질적 성공보다는 사랑하는 사람들과의 관계와 추억이 더 소중하다는 것을 깨닫게 된다.

시간이 유한하다는 것을 인식하면 자연스럽게 우선순위가 바뀐다. 무한한 시간이 있다고 착각할 때 우리는 중요하지 않은 일에 에너지를 허비하게 된다. 끝없이 스크롤하며 타인의 삶을 구경하거나, 별 의미 없는 영상을 연달아 보거나, 생산적이지 않은 수다에 시간을 쓰는 것들이 그런 예시다. 하지만 죽음이라는 데드라인을 의식하면 시간 사용에 대한 기준이 달라진다. 매 순간이 선택의 연속임을 깨닫게 되고, 그 선택들이 모여서 인생을 만든다는 것을 실감하게 된다. 많은 사람이 살기 시작해야 할 때가 되어서야 비로소 삶을 시작한다. 그리고 어떤 이들은 살기도 전에 삶을 마감해버린다. 우리 역시 죽음을 의식하며 살 때 자연스럽게 본질적인 것들에 집중하게 되고, 삶의 질이 현격히 향상된다.

죽음에 대한 두려움은 본능적인 감정이다. 하지만 이 두려움이 과도해지면 오히려 삶을 제약하고 위축시킨다. 죽음이 두려워 모든 위험을 회피하려 하면서 진정한 삶의 경험들을 놓치게 된다. 세네카는 철학적 성찰을 통해 이러한 두려움을 극복할 수 있다고 보았다. 첫째, 죽음은 자연스러운 과정이다. 모든 생명체는 태어나고 자라고 늙고 죽는 자연의 순환 속에 있다. 꽃이 피었다가 지는 것을 슬퍼하지 않듯이, 인간의 죽음도 자연의 일부로 받아들일 수 있다. 둘째, 죽음 자체는 고통이 아니다. 죽음에 대한 상상과 두려움이 실제보다 훨씬 큰 고통을 만들어낸다. 셋째, 죽음을 통해 모든 고통과 번뇌로부터 해방된다. 질병, 고독, 실패, 상실 등 삶의 모든 괴로움으로부터 완전히 벗어나는 것이 죽음이라고 볼 수도 있다.

일상의 사소한 다툼과 걱정들도 죽음의 관점에서 보면 달라 보인다. 직장에서의 인간관계 갈등, 경제적 어려움에 대한 걱정, 타인의 시선에 대한 두려움, 작은 실수에 대한 자책감 등이 그런 것들이다. 물론 이런 문제들이 당장은 중요하게 느껴질 수 있다. 하지만 10년 후, 20년 후에도 그것들이 여전히 중요할까? 죽음을 앞둔 순간에도 그런 것들을 걱정하고 있을까? 대부분의 경우 그렇지 않을 것이다. 죽음의 관점은 이런 일상의 스트레스들을 작게 만들어준다. 물론 문제를 해결하려는 노력은 필요하지만, 그것에 압도당하거나 과도한 감정적 에너지를 소모할 필요는 없다는 것을 알게 된다. 대신 그 에너지를 더 중요한 일들, 즉 성장과 사랑과 창조적 활동에 사용할 수 있게 된다. 죽음을 생각하는 것은 그래서 오히려 해방감을 주기도 한다. 우리를 구속하던 많은 것들이 실제로는 그리 중요하지 않다는 것을 깨닫게 되기 때문이다.

죽음을 통해 배우는 가장 중요한 가치는 '지금 이 순간'이다. 과거는 이미 지나갔고 미래는 아직 오지 않았다. 우리가 실제로 살 수 있는 시간은 지금 이 순간뿐이다. 하지만 많은 사람들이 과거의 후회나 미래의 불안에 사로잡혀 현재를 놓치고 살아간다. 죽음을 의식하면 이 순간의 가치를 새롭게 발견하게 된다. 아침에 눈을 떠서 숨을 쉴 수 있다는 것, 사랑하는 사람들이 곁에 있다는 것, 아름다운 하늘을 볼 수 있다는 것, 좋아하는 음식을 맛볼 수 있다는 것. 당연하게 여겼던 모든 것들이 기적처럼 느껴진다. 또한 죽음은 우리에게 관계의 중요성을 일깨워준다. 재물이나 명예는 죽을 때 가져갈 수 없지만, 사랑하고 사랑받았던 기억과 타인에게 끼친 선한 영향은 남는다. 그래서 죽음을 생각하는 사람일수록 더 따뜻하고 관대해지며, 인간관계에 더 많은 시간과 에너지를 투자하게 되는 것이다.

죽음을 생각한다는 것은 자신만의 유산을 남기려는 마음

을 갖게 해준다. 모든 사람은 이 세상에 유일무이한 존재로 태어났다. 각자가 가진 재능과 경험, 관점은 그 누구도 대체할 수 없는 것이다. 하지만 많은 사람들이 이런 고유성을 발휘하지 못한 채 흘러가는 대로 살아간다. 죽음을 의식하면 자신만이 할 수 있는 일이 무엇인지, 이 세상에 어떤 흔적을 남기고 싶은지 진지하게 고민하게 된다. 그것이 예술 작품일 수도 있고, 자녀들에게 물려줄 가치관일 수도 있으며, 사회에 기여하는 선한 일들일 수도 있다. 중요한 것은 자신이 살았었다는 증거를 남기고 싶어 하는 마음이다. 이런 마음은 자연스럽게 더 의미 있는 삶으로 이어진다. 죽음이 끝이 아니라 완성이 되도록 매일매일 최선을 다해 살아가게 된다.

실제로 죽음을 의식하며 살아가는 방법들이 있다. 첫째, 하루를 마감할 때 스스로에게 물어보는 것이다. '오늘이 마지막 날이었다면 후회할 것이 없는가?' 이 질문은 자연스럽게 다음 날 더 의미 있는 선택을 하도록 이끈다. 둘째, 사랑하는 사람들에게 마음을 표현하는 것을 미루지 않는 것이다. 언제 마지막이 될지 모르기 때문에 지금 당장 감사와 사랑을 표현해보자. 셋째, 정말 하고 싶은 일들을 목록으로 만들고 하나씩 실행해 나가는 것이다. 죽기 전에 반드시 하고 싶은 일들을 정리하고 실현해 나가는 과정에서 삶의 충만함을 느낄 수 있다. 넷째, 가끔은 자신의 장례식을 상상해보는 것이다. 다소 극단적으로 들릴 수 있지만, 실제로는 삶에 대한 감사와 각성을 불러일으키는 건강한 연습이다. 사람들이 나를 어떻게 기억해주길 바라는가? 그 답이 곧 지금 어떻게 살아야 하는지를 알려준다.

죽음을 생각한다고 해서 우울해지거나 소극적으로 되는 것은 아니다. 오히려 그 반대다. 시간의 유한함을 깨달을 때 우리는 더 적극적이고 열정적으로 살게 된다. 미루던 일들을 실행에 옮기고, 도전을 두려워하지 않으며, 사소한 것에 연연하지 않고 본질에 집중하게 된다. 죽음은 삶의 끝이 아니라 삶에 의미를 부여하는 배경이다. 마치 아름다운 그림에서 여백이 그림을 더욱 돋보이게 하듯이, 죽음이라는 유한함이 삶을 더욱 소중하고 아름답게 만든다. 영원히 살 수 있다면 모든 것을 내일로 미룰 수 있겠지만, 한정된 시간이기에 지금 이 순간이 특별해진다.

죽음에 대한 성찰은 결국 삶에 대한 사랑으로 이어진다. 세네카가 말한 것처럼 매일 죽음을 생각하는 사람은 삶을 더 소중히 여기게 된다. 이는 단순히 오래 살고 싶어 한다는 의미가 아니라 주어진 시간을 가장 의미 있게 사용하고 싶어 한다는 뜻이다. 그런 사람은 시간을 낭비하지 않고, 소중한 것을 소홀히 하지 않으며, 진정으로 중요한 가치를 추구한다. 그 결과로 비록 짧은 시간일지라도 충만하고 완성된 삶을 살 수 있게 된다. 죽는 법을 배우지 못한 사람은 사는 법도 알기 어렵다. 죽음을 두려워하기보다는 죽음을 삶의 스승으로 받아들일 때, 우리는 비로소 진정한 삶의 지혜를 얻게 된다.

"죽는 법을 배운 사람만이
진짜로 사는 법을 안다."

모든 새로운 시작은 다른 시작의 끝에서 나온다

"불이 금을 시험하듯, 고난은 강한 사람을 시험한다"

— 세네카, 『섭리에 관하여』

서기 64년, 로마 대화재가 도시를 집어삼켰다. 14개 구역 중 10개가 불탔다. 수많은 사람이 집을 잃고, 삶의 터전이 한순간에 잿더미가 되었다. 누군가는 절망했고, 누군가는 도망쳤다. 하지만 로마인들은 그 폐허 위에 더 넓은 도로와 더 단단한 건물을 세웠다. 그 결과, 화재 전보다 더 아름다운 도시가 만들어졌다. 불이 금을 시험하듯, 고난은 사람을 시험한다. 로마인들은 그 시험을 통과했다. 끝은 끝이 아니었다. 더 나은 것을 위한 자리 비움이었다.

우리 삶에도 이런 '화재'가 찾아온다. 사랑하는 사람과의 이별, 오랫동안 다니던 회사에서의 퇴사, 꿈꿔왔던 계획의 좌절, 건강의 악화 같은 것들이다. 이런 순간들 앞에서 우리는 절망하고 무너진다. 마치 모든 것이 끝난 것처럼 느끼며 앞으로 나아갈 길을 잃어버린 듯 방황한다. 하지만 세네카는 이러한 끝이야말로 새로운 시작의 전제조건이라고 말한다. 끝이 없다면 시작도 있을 수 없고, 무엇인가 사라져야만 그 자리에 새로운 것이 들어올 수 있다는 것이다. 씨앗이 터져야 싹이 나오듯, 끝나야 시작되는 것이 자연의 이치다.

실제로 우리가 경험하는 대부분의 성장과 발전은 어떤 형태의 끝에서 시작된다. 어린 시절이 끝나야 성인의 책임감을 배우게 되고, 학생 신분을 벗어나야 사회인으로서 역할을 다하게 된다. 독신 생활이 끝나야 결혼 생활의 새로운 기쁨을 알게 되고, 때로는 한 관계의 끝이 더 나은 관계의 시작을 가능하게 만들기도 한다. 심지어 우리의 무지가 끝나야 진정한 지혜가 시작되고, 교만함이 끝나야 겸손함이라는 덕목이 자리 잡을 수 있다. 이렇게 보면 끝이라는 것은 상실이나 패배가 아니라 새로운 가능성의 문을 여는 것과 같다. 문제는 우리가 끝을 마주했을 때 그것이 가진 가능성을 보지 못하고 오로지 상실감에만 매몰되어 있다는 점이다.

현대 사회에서 우리는 실패를 극도로 두려워하도록 교육받아 왔다. 성공만이 가치 있는 것이고, 실패는 부끄러운 것이라는 메시지가 사회 곳곳에 만연해 있다. 하지만 이런 사고방식은 우리로 하여금 도전을 회피하게 만들고, 안전한 선택만을 추구하게 하여 결국 진정한 성장의 기회를 스스로 차단하게 만든다. 맞설 상대가 없으면 강인함도 자라지 않는다. 바람을 맞아야 뿌리가 깊어지듯, 시련이 있어야 단단해진다. 실패를 두려워하는 마음은 우리를 현재 상태에 머물게 하고, 새로운 가능성을 탐험할 용기를 빼앗아 간다. 하지만 가장 의미 있는 성취들은 대개 실패와 좌절 이후에 찾아온다. 1990년대 초, 이혼하고 직장도 잃은 싱글맘이 있었다. 정부 보조금으로 겨우 생활하며, 카페에서 아이를 재우고 글을 썼다. 그녀는 스스로 '내가 아는 사람 가운데 가장 큰 실패자'라고 말했다. 그녀는 바로 J. K. 롤링이었다. 하지만 그 바닥의 시간이 없었다면 해리포터가 태어날 수 있었을까? 끝이라고 생각했던 그 순간이 결국 더 큰 시작이었다.

실패와 좌절을 성장의 발판으로 활용하는 첫 번째 단계는 관점의 전환이다. 무엇인가 끝났다는 사실을 단순히 상실로만 바라보는 대신, 그것이 우리에게 무엇을 가르쳐주려 하는지 귀를 기울여야 한다. 실패는 '이 방법은 아니었다'는 확실한 정보다. 그것은 우리가 더 나은 방향으로 나아가기 위해 무엇을 바꾸어야 하는지를 구체적으로 보여주는 신호와 같다. 만약 우리가 이런 교훈을 겸허하게 받아들인다면, 실패는 더 이상 우리를 무너뜨리는 장애물이 아니라 더 높은 곳으로 올라갈 수 있는 디딤돌이 된다. 또한 실패의 경험은 우리로 하여금 성공의 진정한 가치를 깨닫게 하고, 겸손함과 감사함을 배우게 해주는 귀중한 선물이기도 하다. 아무런 어려움 없이 얻은 것은 쉽게 잃어버리지만, 실패를 딛고 일어나 이룬 것은 쉽게 무너지지 않는다.

위기라는 한자를 보면 재미있는 점이 있다. 위험할 '위(危)'와 기회의 '기(機)'가 함께 들어 있다. 위험 속에 기회가 있다는 뜻이다. 물론 위기의 순간에 이걸 떠올리기는 쉽지 않다. 하지만 지나고 나서 보면, 그 위기가 아니었으면 발견하지 못했을 것들이 있다. 경제적 어려움은 우리로 하여금 진정으로 중요한 가치가 무엇인지 다시 생각하게 만들고, 불필요한 지출을 줄여 더 건전한 재정 습관을 기르게 도와준다. 인간관계의 갈등은 서로를 더 깊이 이해하고 소통하는 방법을 배우게 해주며, 때로는 진정한 친구와 그렇지 않은 사람을 구별할 수 있는 기준을 제공해주기도 한다. 건강상의 문제는 그동안 당연하게 여겼던 건강의 소중함을 깨닫게 하고, 더 나은 생활 습관을 형성할 동기를 부여한다. 직장에서의 해고나 사업 실패는 새로운 분야에 도전할 기회를 제공하고, 숨겨져 있던 잠재력을 발견할 수 있는 계기가 되기도 한다. 세네카의 말대로, 재난은 오히려 우리 안의 강인함을 드러내는 기회다. 문제는 그 기회를 알아보느냐 못 보느냐에 달려 있다.

하지만 위기 속에서 기회를 발견하기 위해서는 무엇보다 마음의 여유와 냉정한 판단력이 필요하다. 패닉 상태에서는 문제만 보인다. 따라서 어려운 상황에 직면했을 때 가장 먼저 해야 할 일은 마음을 진정시키고 상황을 객관적으로 바라보는 것이다. 감정적 동요를 가라앉히고 나면 비로소 상황의 전체적인 그림이 보이기 시작하고, 그 속에서 새로운 가능성을 찾아낼 수 있게 된다. 급한 마음에 내린 결정은 대부분 후회를 부른다. 잠시 멈추고, 숨을 고르고, 다시 보자. 같은 상황이 다르게 보이기 시작할 것이다. 때로는 완전히 새로운 분야로의 전환이 필요할 수도 있고, 때로는 기존의 방법을 조금만 수정해도 놀라운 결과를 얻을 수도 있다. 위기가 기회가 될 수 있다는 건 머리로는 안다. 하지만 막상 그 기회를 잡으려면 변화해야 한다. 그리고 바로 여기서 많은 사람이 멈춘다. 위기는 견뎌냈는데 변화가 두렵기 때문이다. 익숙한 것을 버리고 새로운 것을 시작하는 일, 그것이 어쩌면 위기 자체보다 더 어려울 수 있다.

변화에 대한 두려움은 인간의 본능적 반응이다. 안전하고 예측 가능한 환경을 선호하는 것은 생존을 위한 자연스러운 메커니즘이기 때문이다. 하지만 변화를 피할 수는 없다. 기술의 발전 속도가 빨라지고 사회 구조가 급격히 변화하면서, 변화에 적응하지 못하는 개인이나 조직은 도태될 수밖에 없는 환경이 조성되었다. 변화에 대한 두려움을 극복하는 가장 좋은 방법은 작은 변화부터 시작하는 것이다. 갑작스럽고 큰 변화는 누구에게나 부담스럽다. 하지만 작은 변화들을 점진적으로 경험하면서 변화에 익숙해지다 보면, 더 큰 변화도 자신있게 받아들일 수 있게 된다. 매일 가던 길 대신 다른 길로 가보는 것, 늘 먹던 메뉴 대신 새로운 걸 시켜보는 것. 이런 사소한 시도들이 변화에 대한 근육을 키워준다.

변화가 두려운 진짜 이유는 변화 자체가 아니라 '잘 안되면 어쩌지?'라는 불확실성 때문이다. 새로운 일을 시작했을 때 실패할 수도 있다는 걱정, 현재보다 상황이 나빠질 수도 있다는 불안감, 새로운 환경에 적응하지 못할 수도 있다는 염려 등이 변화에 대한 저항감을 만들어낸다. 하지만 이런 걱정들은 대부분 실제로 일어나지 않는 상상 속의 시나리오에 불과하다. 설령 우려했던 일들이 실제로 일어난다고 하더라도 우리에게는 그것을 극복할 능력이 있다. 과거를 돌아보자. 그때는 절대 못 이겨낼 것 같았던 일들을 우리는 이미 이겨냈다. 그때도 해냈으니 이번에도 된다.

끝과 시작의 순환을 받아들이는 것은 삶의 자연스러운 리듬을 이해하는 것과 같다. 낮이 있으면 밤도 있고, 겨울이 지나면 봄이 온다. 인간의 삶도 다르지 않다. 우리는 끊임없이 무엇인가를 끝내고 새로운 것을 시작하며 살아간다. 이런 순환의 과정을 거부하거나 피하려고 하면 오히려 더 큰 고통을 겪게 된다. 변화를 받아들이지 않으려고 고집부리면 결국 변화의 흐름에 휩쓸려 더 큰 상처를 입기 때문이다. 반대로 끝과 시작의 순환을 자연스럽게 받아들이면 삶의 흐름에 순응하면서도 그 과정에서 성장하고 발전할 수 있다. 좋은 일이 있을 때는 '이것도 지나간다'는 걸 알기에 겸손해지고, 어려운 일이 있을 때는 '이것도 지나간다'는 걸 알기에 버틸 수 있다.

이런 순환의 관점에서 보면 우리가 경험하는 모든 끝은 실패나 손실이 아니라 성장의 과정이다. 애벌레가 번데기가 되어야 나비가 되듯, 우리도 기존의 무언가를 놓아야 더 나은 모습으로 변할 수 있다. 이런 관점을 가지면 끝을 맞이했을 때 절망하지 않고 오히려 새로운 시작에 대한 기대를 할 수 있다. 또한 끝과 시작이 연결되어 있다는 것을 아는 사람은 현재의 어려움 속에서도 희망을 잃지 않고 꾸준히 노력할 수 있다. 지금의 고통스러운 끝이 더 나은 미래의 시작을 위한 준비 과정이라는 것을 알기 때문이다.

역경을 통해 강해지는 내적 회복력은 인생을 살아가는 데 있어 가장 중요한 자산 중 하나다. 회복력이란 어려운 상황에 직면했을 때 무너지지 않고 다시 일어날 수 있는 능력을 말한다. 이는 타고나는 재능이 아니라 경험을 통해 기를 수 있는 능력이다. 역설적이게도 회복력을 기르는 가장 좋은 방법은 실제로 어려운 상황을 겪는 것이다. 한 번도 넘어지지 않은 사람은 일어나는 법을 모른다. 처음에는 작은 좌절에도 크게 상처받고 오랫동안 회복하지 못했던 사람이 여러 번의 역경을 겪으면서 점차 빨리 회복하고 더 강하게 일어날 수 있게 되는 것을 우리는 주변에서 자주 목격한다. 한 번 무너졌다가 일어난 사람은 다르다. '나도 일어날 수 있다'는 걸 몸으로 알기 때문이다. 그 경험이 다음 시련 앞에서 버틸 힘이 된다.

회복력을 기르기 위해서는 먼저 역경에 대한 관점을 바꾸어야 한다. 어려움을 단순히 피해야 할 부정적인 것으로 보는 대신, 성장을 위한 훈련 과정으로 바라보는 시각이 필요하다. 운동선수가 더 나은 성과를 위해 힘든 훈련을 견디듯, 우리도 더 강한 사람이 되기 위해 인생의 훈련을 받아들여야 한다. 또한 과거에 어려움을 극복했던 경험들을 기억하고 그때의 성공 전략을 현재 상황에 적용하는 것도 회복력을 높이는 방법이다. 우리는 생각보다 강하다. 지금까지 살아남은 것이 그 증거다. 이런 자신의 강점을 인식하고 활용할 때 새로운 도전 앞에서도 자신감을 가질 수 있다. 그리고 같은 상황 앞에서도 막다른 길만 보는 사람이 있고, 돌아갈 길을 찾는 사람이 있다. 차이는 상황이 아니라 시선이다. 끝이라고 생각하면 거기서 멈추지만, '여기서 뭘 할 수 있지?'라고 물으면 길이 보이기 시작한다. 회복력이란 결국 넘어져도 다시 일어날 수 있다는 걸 아는 것, 그리고 끝에서도 시작을 찾을 수 있다는 걸 믿는 것이다.

새로운 시작을 맞이할 때 우리에게 필요한 것은 과거에 대한 집착을 버리는 용기다. 끝난 것에 대해 계속 아쉬워하고 후회한다면 새로운 것을 받아들일 마음의 공간이 생기지 않는다. 과거의 성공에 안주하거나 과거의 실패에 매몰되어 있으면 현재의 기회를 놓치게 된다. 과거는 교훈을 주는 선생님이지, 나를 가두는 감옥이 아니다. 과거에서 배울 것은 배우되, 과거가 현재와 미래를 결정하도록 내버려두어서는 안 된다. 새로운 시작을 위해서는 또한 미지의 것에 대한 호기심과 모험정신이 필요하다. 모든 것을 미리 계획하고 예측할 수는 없다. 때로는 확신이 없어도 첫걸음을 떼어야 한다. 걸어가면서 길이 만들어지는 법이고, 시작해야 비로소 어떤 결과를 얻을 수 있는지 알게 된다.

결국 끝에서 시작하는 새로움이란, 무너져도 다시 세울 수 있다는 믿음이다. 이는 수동적 체념이 아니라 적극적 수용이다. '어쩔 수 없다'며 주저앉는 게 아니라 '그래서 이제 뭘 하지?'라고 묻는 것이다. 우리는 변화의 주체가 되어 스스로 끝을 만들고 새로운 시작을 창조할 수 있다. 더 나은 미래를 위해 현재의 편안함을 포기하는 것, 성장을 위해 현재의 안전지대를 벗어나는 것, 새로운 가능성을 위해 기존의 한계를 뛰어넘는 것이 바로 끝에서 시작하는 새로움의 실천이다. 이런 삶의 태도를 가진 사람은 어떤 상황에서도 절망하지 않는다. 왜냐하면 모든 끝이 새로운 시작을 품고 있다는 걸 알기 때문이다. 끝은 끝이 아니다. 아직 보이지 않는 시작일 뿐이다.

"끝은 끝이 아니다.
더 나은 것을 위한 자리 비움이다."

완벽하게 하려다 아무것도 못 한다

"지상에서 별까지 가는 쉬운 길은 없다."

— 세네카, 『헤라클레스의 광기』

새해 첫날, 헬스장에 사람이 가득하다. 올해는 꼭 운동하겠다고 결심한 사람들이다. 그런데 2월이 되면 절반이 사라지고, 3월이 되면 거의 텅 빈다. 왜 그럴까? 대부분 '제대로 못 할 거면 안 하는 게 낫지'라고 생각하기 때문이다. 일주일에 다섯 번 가야 하는데 두 번밖에 못 갔다며 자책하고, 결국 아예 가지 않게 된다. 완벽하게 하려다가 아무것도 못 하는 것이다. 세네카는 발전하고자 하는 것 자체가 발전의 큰 부분이라고 했다. 완벽한 결과가 아니라 나아지려는 의지, 그것이 이미 성장이라는 뜻이다.

완벽주의자들이 겪는 가장 큰 문제는 시작조차 못 한다는 것이다. 완벽해야 한다는 강박 때문에 시작하지 못하고, 시작하더라도 완벽하지 않다는 이유로 중단하게 된다. 새로운 기술을 배우려고 해도 처음부터 완벽하게 해내지 못하면 포기하고, 운동을 시작해도 첫날부터 완벽한 루틴을 소화하지 못하면 자신을 실패자로 여기며 그만둔다. 이런 패턴의 끝은 정해져 있다. 아무것도 하지 않는 것. 완벽주의는 겉보기에는 높은 기준을 추구하는 것처럼 보이지만, 실제로는 회피의 가장 그럴듯한 변명이다. 완벽하지 않으면 시작하지 않겠다는 것은 결국 아무것도 하지 않겠다는 선언과 다름없다. 세네카가 완벽함보다 꾸준한 진보를 강조한 이유가 이 때문이다.

반면 작은 진전에 집중하는 사람들은 전혀 다른 결과를 만든다. 매일 1%씩 나아진다면 1년 후에는 37배 성장하게 된다는 복리 효과의 원리가 실제로 작동한다. 책을 하루에 한 페이지씩만 읽어도 1년이면 365페이지를 읽게 되고, 운동을 하루에 10분씩만 해도 1년이면 60시간이 넘는 운동량이 쌓인다. 이런 작은 변화들이 누적되면서 만들어내는 거대한 변화를 완벽주의자들은 경험하지 못한다. 작은 진전의 가장 큰 장점은 지속가능성이다. 부담스럽지 않기 때문에 포기하지 않고 계속할 수 있고, 계속하기 때문에 습관이 되며, 습관이 되면 노력 없이도 자연스럽게 성장이 일어나게 된다.

이런 관점에서 보면 실수와 실패는 피해야 할 재앙이 아니라 배움의 기회가 된다. 완벽주의자에게 실수는 자신이 무능하다는 증거지만, 앞으로 나아가려는 사람에게 실수는 성장의 필수 과정이다. 아이가 걸음마를 배울 때 넘어지는 것이 자연스러운 것처럼 새로운 것을 배우는 과정에서 실패는 피할 수 없는 단계다. 실패를 통해서만 얻을 수 있는 깊은 깨달음이 있다. 성공만으로는 절대 배울 수 없는 회복력, 인내심, 문제 해결 능력을 실패는 가르쳐 준다. 실패를 학습 기회로 받아들이는 순간, 실패는 더 이상 실패가 아니다.

타인과의 비교도 완벽주의가 만들어내는 또 다른 함정이다. 다른 사람의 성취와 자신을 비교하며 열등감을 느끼고, 그 열등감이 완벽해지고 싶은 욕구를 더욱 강화시킨다. 하지만 이런 비교는 본질적으로 불공정하다. 각자의 출발점, 환경, 능력, 상황이 모두 다른데 결과만으로 비교한다는 것은 의미가 없다. 더 큰 문제는 타인과의 비교가 끝이 없다는 것이다. 타인보다 앞서면 자만하게 되고, 뒤처지면 좌절하게 되는 감정의 롤러코스터에 올라타게 된다. 진정한 성장은 자신과의 경쟁에서 나온다. 어제의 자신보다 오늘의 자신이 조금이라도 나아졌다면, 그것이야말로 진정한 승리다. 자신의 기준으로 자신을 평가하고, 자신의 속도로 성장해 나가는 것이 가장 건강하고 지속가능한 성장의 방식이다.

이런 서두르지 않는 변화의 지혜는 빠른 결과를 원하는 현대 사회와 충돌한다. 우리는 즉각적인 만족을 추구하며 단기간에 극적인 변화를 기대한다. 다이어트를 시작하면 한 달 만에 10kg을 빼고 싶어 하고, 새로운 언어를 배우면 6개월 만에 유창해지기를 바란다. 하지만 진정한 변화는 시간이 필요하다. 급하게 서두르다 보면 오히려 성장이 멈추거나 역행할 수도 있다. 무리한 다이어트는 요요현상을 불러오고, 지나친 학습 강도는 번아웃을 일으킨다. 천천히, 꾸준히, 지속 가능하게. 이것이 결국 가장 빠르고 확실한 성공의 길이다.

이런 태도를 현대 심리학에서는 '성장 마인드셋'이라고 부른다. 스탠퍼드 대학의 심리학자 캐럴 드웩의 연구에 따르면, 능력이 고정되어 있다고 믿는 사람과 노력으로 성장할 수 있다고 믿는 사람은 완전히 다른 결과를 만든다. 전자는 실패를 자신의 한계로 받아들이고 포기하지만, 후자는 실패를 아직 덜 배운 것으로 받아들이고 계속한다. '못한다'와 '아직 못한다'의 차이이다. 어제보다 나아지려는 노력은 재능이나 능력의 한계를 정해놓고 포기하는 대신, 꾸준한 노력을 통해 한계를 넘어설 수 있다고 믿는 것이다.

그렇다면 일상에서 어떻게 실천할 수 있을까? 먼저 목표를 작은 단위로 나누는 것이다. 큰 목표를 세우되, 그것을 매일 실행할 수 있는 작은 행동으로 세분화하자. 책을 쓰고 싶다면 하루에 한 페이지씩 쓰기로 하고, 마라톤을 완주하고 싶다면 하루에 1킬로씩 뛰기로 시작한다. 작은 목표는 부담스럽지 않기 때문에 지속할 수 있고, 매일 달성하는 성공 경험이 동기를 유지시킨다. 또 하나는 진전을 기록하는 것이다. 아무리 작은 진전이라도 그것을 인정하고 기록해 두면, 시간이 지나면서 자신이 얼마나 성장했는지 명확히 볼 수 있다. 마지막으로, 완벽함보다는 완성에 집중하는 것이다. 100% 완벽한 결과물을 만들려고 무한정 수정하는 대신, 80% 정도의 완성도에서 일단 마무리하고 다음 단계로 넘어가는 것이 오히려 완벽에 더 가까워지는 길이다.

이 원리는 인간관계에서도 마찬가지다. 완벽한 관계를 추구하다가 작은 결함에도 실망하고 포기하는 대신, 매일 조금씩 더 이해하고 배려하며 관계를 개선해 나가는 것이다. 부부

관계에서 상대방의 완벽함을 기대하지 말고 서로의 성장을 지지하는 것, 자녀 교육에서 완벽한 아이를 만들려 하지 말고 매일 조금씩 발전하는 모습을 격려하는 것이다. 완벽함에 대한 압박이 사라지면 사람들은 더 자연스러워진다. 실수를 두려워하지 않고 새로운 시도를 할 수 있게 된다. 그 결과 관계는 더욱 깊어지고 진실해진다.

또한 창의성에서도 핵심이다. 완벽주의는 아이디어가 떠올라도 꺼내기 전에 스스로 검열하게 만든다. 완벽해야 한다는 부담감이 새로운 아이디어를 시도하는 것을 막고, 실패를 두려워하게 만들며, 안전한 길만 선택하게 한다. 반면 점진적 개선의 마인드는 일단 해보게 만든다. 실리콘밸리에서 말하는 '빠르게 실패하고 빨리 배워라'가 바로 이것이다. 완벽한 제품을 만들어서 출시하는 대신, 최소기능제품(MVP)을 빠르게 만들어 시장의 반응을 보고, 피드백을 받아 개선해 나가는 방식. 개인의 성장도 다르지 않다. 어학 공부를 예로 들어보자. 완벽한 발음과 문법을 갖출 때까지 입을 열지 않으면 영원히 말을 못 한다. 문법이 틀려도, 발음이 어눌해도, 일단 말해보는 사람이 결국 더 빨리 는다. 완벽하게 준비된 다음에 시작하겠다는 생각이야말로 가장 확실한 실패의 지름길이다.

이런 점진적 성장의 과정에서 가장 중요한 것은 자신에 대한 인내심이다. 완벽주의자들은 자신에게 매우 가혹하고 비판적이다. 조그만 실수에도 자신을 심하게 질책하고, 기대에 미치지 못하면 자신을 실패자로 규정한다. 하지만 진정한 성장을 위해서는 자신에 대한 관대함이 필요하다. 실수는 인간의 본성이고, 성장은 시간이 걸리는 과정이라는 것을 인정해야 한다. 씨앗을 심고 매일 물을 주면서 인내심을 갖고 열매가 열리길 기다리듯, 자신의 성장도 그런 관점에서 바라봐야 한다. 조급해하거나 자책하는 대신에 오늘도 한 걸음 나아갔다는 것에 감사하며, 내일 또 한 걸음 나아가면 된다.

완벽한 완성이란 없다. 인생을 완성해야 할 완벽한 작품으로 보지 말고, 매일 조금씩 그려나가는 진행형의 그림으로 보자. 완벽함이라는 목적지에 도달하려 하지 말고, 성장이라는 여정 자체를 즐기는 것이다. 이런 관점을 가질 때 인생은 부담스러운 과제가 아니라 흥미진진한 모험이 되고, 실패는 재앙이 아니라 학습의 기회가 되며, 매일은 새로운 가능성이 열리는 소중한 선물이 된다.

지금 완벽하지 않다는 이유로 시작하지 못하고 있는 일이 있는가? 실패가 두려워서 피하고 있는 도전이 있는가? 어떤 완벽주의의 감옥에 갇혀 있는가? 완벽함에 도달하려 하지 말고, 오늘 당장 할 수 있는 작은 한 걸음을 내디뎌보자. 그 작은 걸음들이 모여서 상상조차 할 수 없었던 거대한 변화를 만들어낼 것이다.

"완벽하게 못 해도 괜찮다.

어제보다 나으면 된다.

발전하고자 하는 것,

그 자체가 이미 발전이다."

시간과 인내는 최강의 전사들이다

"어디에나 있는 사람은 아무 데도 없다."

— 세네카, 『루킬리우스에게 보내는 도덕 편지』 제2서

1965년, 서른다섯 살의 투자자가 작은 섬유 회사를 인수했다. 당시 주가는 주당 19달러였다. 그 뒤 60년간 수많은 투자 트렌드가 지나갔다. 닷컴 버블, 부동산 광풍, 가상화폐 열풍. 사람들은 더 빠른 수익을 좇아 이리저리 옮겨 다녔다. 하지만 워렌 버핏은 움직이지 않았다. 자신의 원칙, 가치 투자라는 한 가지에만 집중했다. 2024년, 버크셔 해서웨이 주가는 60만 달러를 넘었다. 60년간 3만 배가 넘는 성장이다. 세네카는 어디에나 있는 사람은 아무 데도 없다고 말했다. 빠른 기회만 좇아 옮겨 다니는 사람은 결국 아무것도 쌓지 못한다. 성공과 성장은 재능이나 운이 아니라 꾸준함과 인내에 의해 좌우된다. 시간과 인내, 이 두 가지는 조용하지만 확실하게 삶을 바꾸는 힘을 가지고 있다.

현대 사회는 빠름을 숭배한다. 더 빠른 성공, 더 빠른 결과, 더 빠른 변화. 이런 환경에서 '기다린다'는 것은 뒤처지는 것처럼 느껴진다. 직장에서 3년이 지나도 승진이 없으면 이직을 고민하고, 투자한 지 1년이 지나도 수익이 없으면 다른 종목을 찾는다. 시작한 사업이 2년 안에 성과를 내지 못하면 접고 다른 아이템을 찾아 나선다. 결과가 늦다는 이유로 방향을 바꾸고, 또 바꾸고, 결국 어디에도 도착하지 못한다. 세네카는 "우리에게 시간이 적은 게 아니라 많이 낭비한 것이다"라고 말했다. 가장 가치 있는 것들은 시간이 걸린다.

시간은 그냥 흘러가는 게 아니다. 한 방향으로 쌓일 때만 힘을 발휘한다. 중요한 건 속도가 아니라 방향이다. 느리더라도 같은 방향으로 계속 가는 사람은 결국 도착한다. 빠르게 갔다가 방향을 바꾸고, 또 바꾸는 사람은 아무리 오래 걸어도 제자리다. 10년을 한 분야에 투자한 사람과 2년씩 다섯 분야를 옮겨 다닌 사람. 누가 더 깊이 있을까? 답은 명확하다. 시간은 한 곳에 머무는 사람에게 깊이를 준다. 시간은 조용하지만 강력하게, 꾸준하지만 확실하게 우리를 목적지로 이끈다.

인내는 이를 악물고 버티는 것과 다르다. 방향을 바꾸고 싶은 유혹을 이기는 힘이다. 또한, 인내는 어려움 속에서도 희망을 잃지 않고 앞으로 나아가는 적극적인 힘이다. 현대 사회에서 우리는 수많은 유혹과 방해 요소에 직면한다. 더 좋아 보이는 기회, 더 빠른 결과를 약속하는 길, 지금 하는 일보다 쉬워 보이는 선택들. 이런 유혹 앞에서 방향을 지키기란 쉽지 않다. 버핏도 마찬가지였다. 닷컴 버블 때 기술주에 투자하지 않는다고 시대에 뒤떨어졌다는 비판을 받았다. 가상화폐가 폭등할 때도 움직이지 않았다. 그때마다 방향을 바꿨다면 60년의 기록은 없었을 것이다. 인내란 흔들리지 않는 것이 아니다. 흔들려도 방향을 바꾸지 않는 것이다.

긴 안목을 가진 사람은 다르게 행동한다. 대부분의 사람들이 단기적 성과에 매달릴 때, 장기적 목표를 가진 사람은 당장의 결과에 흔들리지 않는다. 어떤 분야든 진정한 전문가가 되려면 최소 10년이 필요하다는 말이 있다. 이는 어떤 분야든 마찬가지다. 예술가든, 운동선수든, 기업가든, 학자든 모든 전문 분야에서 진정한 실력을 쌓으려면 오랜 시간의 헌신이 필요하다. 그런데 대부분의 사람들은 '결과가 안 보인다고, 더 좋은 기회가 있다고, 이 길이 아닌 것 같다'며 3년도 버티지 못하고 다른 길을 찾는다. 그렇게 옮겨 다니다 보면

10년이 지나도 어느 분야에서도 전문가가 되지 못한다. 남들이 떠날 때 남아 있는 것. 그것이 진짜 경쟁력이 된다.

기다림에도 기술이 필요하다. 무작정 버티는 것과 전략적으로 기다리는 것은 다르다. 전략적 기다림은 방향이 맞다는 확신 위에서 이루어진다. 확신이 없으면 조금만 힘들어도 흔들린다. 그래서 처음에 방향을 정할 때 충분히 고민해야 한다. 일단 방향을 정했으면 쉽게 바꾸지 않는 것. 그것이 인내다. 물론 정말로 방향이 틀렸다면 바꿔야 한다. 하지만 대부분의 경우 사람들은 방향이 틀려서가 아니라 결과가 늦어서 바꾼다. 이 둘을 구별할 줄 알아야 한다.

인내 끝에 얻는 것은 결과만이 아니다. 인내를 통해 얻는 성취의 달콤함은 쉽게 얻은 것과는 차원이 다르다. 운동선수가 오랜 훈련 끝에 메달을 목에 걸 때의 감격, 학생이 수년간의 공부 끝에 원하는 대학에 합격했을 때의 기쁨, 예술가가 끊임없는 연습 끝에 완벽한 작품을 완성했을 때의 만족감은 말로 표현할 수 없을 정도로 깊고 진하다. 이런 성취는 단순한 결과가 아니라 과정 자체가 우리를 성장시킨 증거다. 어려움을 견뎌낸 경험, 포기하고 싶었지만 계속해낸 기억, 작은 진전을 쌓아 올린 시간이 모두 우리의 자신감이 된다. 이렇게 얻은 자신감은 다음 도전을 만났을 때 더 큰 힘이 된다. 오랜 시간 한 분야에 머문 사람은 그 분야의 깊이를 알게 된다. 표면만 보는 사람들이 모르는 것들, 오래 해본 사람만 아는 것들이 있다. 이런 깊이는 시간이 주는 선물이다. 또한 오래 버틴 경험 자체가 자산이 된다. 한 번 10년을 버텨본 사람은 다른 일에서도 버틸 수 있다는 걸 안다. 이 확신이 다음 도전을 가능하게 한다.

조급함을 버리고 자연스러운 성장의 리듬을 존중하는 것, 이것이 지혜다. 모든 것에는 때가 있다. 봄에 씨를 뿌리고, 여름에 가꾸며, 가을에 수확하는 것처럼 성장에도 자연스러운 순서가 있다. 이 리듬을 무시하고 억지로 빨리 가려고 하면 오히려 더 늦어지거나 실패하게 된다. 씨를 뿌리고 다음 날 수확하려는 농부는 없다. 그런데 우리는 종종 그런 농부처럼 행동한다. 결과가 안 보인다고 다른 밭을 찾아 나선다. 그렇게 평생 씨만 뿌리다가 끝난다. 진정한 성장은 보이지 않는 곳에서 먼저 일어난다. 뿌리가 깊어지고, 줄기가 굵어진 다음에야 열매가 맺히는 것처럼 내적 변화가 먼저 일어나고 나서 외적 결과가 나타난다. 기다릴 줄 아는 사람만이 수확의 기쁨을 안다.

그렇다면 어떻게 시간을 내 편으로 만들 수 있을까? 첫째, 쉽게 방향을 바꾸지 않겠다고 정하는 것이다. 최소 1년, 가능하면 5년은 한 방향으로 가보겠다고 스스로 약속하는 것이다. 둘째, 기분에 상관없이 일관성을 유지하는 것이다. 기분 좋을 때만 하고 나쁠 때는 쉬는 게 아니라, 감정에 상관없이 꾸준히 하는 것이 중요하다. 셋째, 옮겨 다니는 사람들을 보고 흔들리지 않는 것이다. 남들이 새로운 기회를 찾아 떠날 때, 나는 왜 여기 남아 있는지 스스로에게 상기시키는 것이다. 넷째, 흔들리는 순간을 미리 대비하는 것이다. 방향을 바꾸고 싶은 마음이 들 때 무엇을 할 것인지, 어떤 생각으로 다시 집중할 것인지 미리 정해두면 결정적인 순간에 버틸 수 있다.

시간과 인내를 믿는 삶은 지루하지 않다. 오히려 깊어지는 재미가 있다. 같은 일을 오래 하면 처음에는 보이지 않던 것들이 보이기 시작한다. 표면 아래의 원리, 남들이 모르는 노하우, 경험에서만 나오는 직관, 이런 것들은 이리저리 옮겨 다니는 사람은 절대 얻을 수 없다. 빠른 결과를 추구하는 세상에서 기다릴 줄 아는 사람은 드물다. 그래서 그런 사람이 결국 원하는 곳에 도착한다.

지금 조급해하고 있는 일이 있는가? 결과가 안 보인다고 다른 길을 찾고 있는가? 스스로에게 물어보자. 나는 지금 한 방향으로 가고 있는가, 아니면 이리저리 옮겨 다니고 있는가? 버핏은 말했다. "주식 시장은 조급한 사람의 돈을 인내심 있는 사람에게 옮기는 장치다."라고. 인생도 마찬가지다. 시간은 옮겨 다니는 사람에게서 빼앗아 한곳에 머무는 사람에게 준다. 조급함으로 방향을 바꾸는 것이 아니라 인내로 같은 방향을 유지하는 것, 그것이 시간을 내 편으로 만드는 방법이다.

"인내란 흔들리지 않는 것이 아니다.
흔들려도 방향을 바꾸지 않는 것이다."

하루의 끝에서 나를 만나라

"나는 매일 나 자신을 심판대에 세운다."

— 세네카, 『분노에 관하여』

현대를 살아가는 우리는 아침에 눈을 뜨는 순간부터 밤에 잠들 때까지, 우리는 끊임없이 무언가에 쫓기며 살아간다. 스마트폰 알림이 울리고, 업무가 밀려들고, 약속이 이어진다. 그렇게 하루가 끝나면 지쳐서 쓰러지듯 잠든다. 정작 가장 중요한 것을 놓치고 있다. 바로 자신과 마주하는 시간이다. 2천 년 전, 세네카는 달랐다. 그는 밤마다 반복하는 습관이 하나 있었다. 하루가 끝나고 집이 조용해지면, 조용히 앉아 자신을 심판대에 세웠다. "오늘 어떤 잘못을 고쳤는가? 어떤 유혹에 맞섰는가? 어떤 점에서 나아졌는가?" 그는 하루 동안의 행동과 말을 하나하나 되짚었다. 누구에게 화를 냈는지, 왜 그랬는지, 그것이 정당했는지를 따져보았다. 부끄러운 순간도 피하지 않았다. 자신에게 아무것도 숨기지 않고, 아무것도 넘어가지 않았다. 로마 최고의 철학자이자 황제의 스승이었던 그가 매일 밤 한 일이 이것이었다. 그는 돌아보지 않은 하루는 배움 없이 지나간 하루라는 것을 알고 있었다. 성찰 없는 삶은 방향타 없는 배와 같다. 아무리 열심히 노를 저어도 목적지에 도달할 수 없다. 진정한 성장을 원한다면 하루의 끝에서 자신과 마주하는 용기가 필요하다.

성찰은 단순히 오늘 있었던 일을 떠올리는 것이 아니다. 그것은 자신의 행동, 감정, 생각, 반응을 객관적으로 관찰하고 분석하는 깊이 있는 과정이다. 우리가 왜 그런 선택을 했는지, 어떤 감정이 그 순간을 지배했는지, 그 결과로 무엇을 얻었고 무엇을 잃었는지를 솔직하게 들여다보는 것이다. 세네카는 이 과정을 통해 자신의 패턴을 발견했다. 어떤 상황에서 분노가 올라오는지, 어떤 말이 상대방을 상처 입히는지, 어떤 순간에 지혜롭게 행동했는지를 알게 된 것이다. 이러한 자기 인식은 우리가 더 나은 선택을 하고, 더 현명한 결정을 내릴 수 있게 하는 기초가 된다. 성찰 없이는 우리는 영원히 반응적으로만 살아갈 뿐, 주도적인 삶을 살 수 없다.

하루를 마무리하며 자신을 돌아보는 일은 회계사가 하루

끝에 장부를 정리하는 것과 같다. 오늘 무엇이 들어왔고, 무엇이 나갔는지, 어디서 손해를 봤고, 어디서 이익을 얻었는지를 확인하는 것이다. 우리의 마음과 행동도 마찬가지다. 오늘 하루 동안 어떤 생각의 씨앗을 뿌렸고 어떤 습관의 꽃을 피웠으며 어떤 감정의 잡초를 방치했는지를 돌아봐야 한다. 좋은 행동과 선택들은 내일도 반복할 수 있도록 기억해두고, 잘못된 판단이나 부적절한 반응들은 그 이유를 찾아 다음에는 다르게 해 보는 것이 필요하다. 이런 일상적인 점검과 보완이 없다면 우리는 같은 실수를 끝없이 반복하며 제자리걸음만 하게 될 것이다. 장부를 정리하지 않는 사업가가 망하듯, 성찰하지 않는 사람은 성장하지 못한다.

성찰의 과정에서 우리는 오늘의 실수를 내일의 교훈으로 바꾸는 법을 배워야 한다. 많은 사람들이 실패를 부끄럽게 여기거나 빨리 잊으려 한다. 하지만 실패야말로 가장 값진 스승이다. 오늘 하루를 돌아볼 때, 잘못된 선택이나 아쉬웠던 순간들을 그냥 넘기지 말고 깊이 살펴보자. 왜 그런 선택을 했는지, 그 순간 어떤 감정이나 생각이 판단을 흐렸는지, 앞으로는 비슷한 상황에서 어떻게 다르게 행동할 수 있는지를 구체적으로 생각해보자. 실수는 그 자체로 문제가 되는 것이 아니라 그로부터 교훈을 얻지 못할 때 문제가 된다. 세네카는 매일 밤 자신의 실수를 검토하면서 '오늘은 이것을 고쳤다'고 기록했다. 실수를 숨기지 않고 마주했기에 고칠 수 있었던 것이다.

성공한 경험들도 마찬가지로 깊이 있게 성찰해야 한다. 오늘 하루 동안 잘한 일들, 좋은 결과를 얻은 일들을 단순히 운이 좋았다고 치부하지 말자. 무엇이 그런 성공을 가능하게 했는지, 어떤 행동이나 태도가 긍정적인 결과로 이어졌는지를 분석해보자. 성공의 패턴을 파악하면 그것을 의도적으로 반복할 수 있다. 누군가와 좋은 대화를 나눴다면 어떤 점이 그 대화를 특별하게 만들었는지 생각해보자. 어려운 문제를 해결했다면 어떤 접근 방식이 효과적이었는지 기억해두자. 성공 경험을 체계적으로 분석하고 학습하는 사람은, 우연한 성공을 지속적인 성공으로 바꿀 수 있다. 실패만 돌아보는 것은 절반의 성찰이다. 잘한 것도 알아야 더 잘할 수 있다.

자신의 감정 패턴을 관찰하는 것도 성찰의 중요한 부분이다. 하루를 마무리하면서 오늘 어떤 감정들을 경험했는지, 그 감정들이 언제, 왜 일어났는지를 돌아보자. 화가 났다면 그

화의 진짜 원인이 무엇이었는지, 기뻤다면 무엇이 그 기쁨을 만들어냈는지, 불안했다면 그 불안의 근원이 어디에 있었는지를 탐구해보자. 세네카도 매일 밤 자신의 감정을 점검했다. 오늘 왜 화를 냈는지, 그 화가 정당했는지, 다른 방법은 없었는지를 따져보았다. 며칠만 이 과정을 반복해도 보이기 시작한다. 비슷한 상황에서 비슷하게 반응하는 자신을 발견하게 된다. 이 패턴을 이해하면 우리는 더 건설적인 방향으로 반응을 바꿀 수 있고, 불필요한 소모를 줄일 수 있다. 반응에 끌려다니는 삶이 아니라 반응을 선택하는 삶을 살 수 있게 된다.

진정한 성찰을 위해서는 완전한 정직함이 필요하다. 자신에게 거짓말하거나, 실수를 합리화하거나, 불편한 진실을 회피해서는 안 된다. 오늘 누군가에게 화를 냈다면, 그 이유가 정당했는지 솔직히 따져봐야 한다. 중요한 일을 미뤘다면, 그 뒤에 숨어있는 두려움이나 게으름을 인정해야 한다. 타인을 비판했다면, 그것이 건설적인 의도였는지 아니면 자신의 열등감을 감추려는 방어기제였는지 성찰해봐야 한다. 이런 솔직한 자기 대면은 처음에는 불편하고 고통스러울 수 있다. 하지만 이 과정을 통해서만 우리는 진정한 자아를 발견할 수 있고, 변화와 성장의 출발점을 마련할 수 있다. 자신에게는 아무것도 숨기지 말아야 한다. 숨기는 순간, 고칠 기회도 함께 사라지기 때문이다.

성찰할 때는 자기비판이 아닌 자기 관찰의 관점을 가져야 한다. 오늘 하루를 돌아보며 실수나 부족함을 발견했다고 해서 자신을 질책하거나 비난해서는 안 된다. 그런 태도는 오히려 성찰을 고통스러운 경험으로 만들어 성찰 자체를 회피하게 만든다. 대신 의사가 환자를 진찰하듯, 담담하게 자신을 살펴보자. '왜 그런 선택을 했을까?'라고 궁금해하면서, 동시에 불완전한 자신을 이해하고 받아들이는 마음을 가져보자. 우리는 모두 성장하는 과정에 있는 존재들이다. 완벽하지 않은 것이 당연하고, 실수하는 것도 자연스러운 일이다. 성찰의 목적은 자신을 심판하는 것이 아니라 내일 더 나은 선택을 하기 위해 오늘을 이해하는 것이다.

현대 사회에서 성찰의 시간을 확보하는 것은 쉽지 않다. 끊임없이 쏟아지는 정보와 자극들이 우리의 주의를 분산시키고, 고요한 생각의 시간을 방해한다. 바로 그렇기 때문에 의식적으로 성찰의 시간을 만들어야 한다. 잠자리에 들기 전 10분이면 시작하기에 충분하다. 하루의 분주함을 내려놓고,

오늘 하루를 차분히 되돌아보는 시간을 가져보자. 세네카가 했던 것처럼 세 가지 질문을 던져보는 건 어떨까. 오늘 어떤 잘못을 고쳤는가? 어떤 유혹에 맞섰는가? 어떤 점에서 나아졌는가? 일기를 쓰는 것도 좋은 방법이다. 글로 쓰면서 생각을 정리하면, 단순히 머릿속으로 생각하는 것보다 더 깊이 있는 성찰이 가능하다. 산책을 하거나 조용한 카페에 앉아 차 한 잔을 마시며 하루를 돌아보는 것도 좋다. 중요한 것은 외부의 방해를 잠시 끊고, 온전히 자신과 마주할 수 있는 시간과 환경을 만들어주는 것이다. 이런 작은 습관이 쌓여서 삶의 큰 변화를 만들어낸다.

성찰을 통해 우리는 자신만의 고유한 가치관과 원칙을 더욱 명확히 할 수 있다. 바쁜 일상 속에서는 때로 타인의 기대나 사회의 압력에 휘둘려 자신이 진정으로 중요하게 여기는 것이 무엇인지 잊어버리기 쉽다. 하지만 하루를 돌아보며 어떤 순간에 가장 보람을 느꼈는지, 어떤 행동을 했을 때 후회가 없었는지를 성찰하다 보면 자신의 핵심 가치가 무엇인지 더 분명히 알게 된다. 세네카는 '나다운 삶'을 강조했다. 남들이 정해준 기준이 아니라, 내 안의 기준에 따라 사는 것이다. 자신의 가치관에 부합하는 삶을 살 때 우리는 진정한 만족과 의미를 느낄 수 있다. 반대로 자신의 원칙에 어긋나는 행동을 했을 때는 마음 깊은 곳에서 불편함을 느끼게 된다. 이런 내면의 소리에 귀 기울이는 것이 바로 성찰의 핵심이다.

성찰의 습관이 자리 잡으면 우리는 점점 더 의식적이고 주도적인 삶을 살게 된다. 자동으로 반응하던 패턴에서 벗어나, 상황을 한 번 더 생각하고 선택하는 여유를 갖게 된다. 같은 실수를 반복하는 대신, 어제의 경험을 바탕으로 오늘 더 나은 결정을 내릴 수 있게 된다. 이런 변화는 하루아침에 일어나지 않는다. 하지만 매일 조금씩 자신을 돌아보고, 배우고, 개선하는 과정을 통해 서서히 일어난다. 1년이면 365번의 성찰이다. 365번 자신을 돌아본 사람과 한 번도 돌아보지 않은 사람, 그 차이는 상상 이상이다. 마치 물방울이 바위를 뚫듯이 작고 꾸준한 성찰이 우리의 인생에 변화를 불러온다. 그 차이를 만드는 것이 바로 오늘 밤, 하루를 마무리하며 자신과 마주하는 이 순간부터 시작된다.

성찰은 나만을 위한 일이 아니다. 자신을 이해하는 만큼 타인도 이해할 수 있게 된다. 내 안의 분노를 알면, 상대방의 분노도 이해할 수 있다. 내 안의 두려움을 알면, 상대방의 방어적 태도도 이해할 수 있다. 왜 저 사람이 저렇게 행동하는지, 예전에는 답답하기만 했던 것들이 보이기 시작한다. 또한 자신의 실수를 인정하고 배우는 사람은 타인의 실수에도 더 관대하게 반응할 수 있다. 매일 밤 자신의 부족함을 마주하는 사람은 남의 부족함에 쉽게 돌을 던지지 못한다. 완벽하지 않은 자신을 받아들인 사람만이, 완벽하지 않은 타인도 진정으로 받아들일 수 있기 때문이다. 나를 돌아보는 시간이 결국 관계를 바꾼다.

세네카는 2천 년 전 매일 밤 이 일을 했다. 촛불 아래 앉아 하루를 검토하고, 자신의 행동과 말을 되짚었다. 우리에게도 같은 기회가 있다. 오늘 밤 잠들기 전, 스마트폰을 내려놓고 자신과 마주해보자. 오늘 어떤 잘못을 고쳤는가? 어떤 유혹에 맞섰는가? 어떤 점에서 나아졌는가? 세네카가 매일 밤 던졌던 이 질문들을 자신에게도 던져보자. 돌아보지 않은 하루는 그냥 지나간 하루다. 하지만 돌아본 하루는 내일을 바꾸는 하루가 된다.

"오늘을 돌아본 사람만이

내일을 바꿀 수 있다."

미래를 기다리느라 오늘을 잃지 말라

"진정한 행복은
미래에 대한 불안한 의존 없이
현재를 즐기는 것이다."

— 세네카, 『행복한 삶에 관하여』

서기 65년, 세네카는 네로 황제로부터 자결 명령을 받았다. 반역 음모에 연루되었다는 혐의였다. 그가 어떻게 반응했을까? 세네카는 당황하지 않았다. 주변 사람들이 울며 슬퍼하자 오히려 그들을 다독였다. "지금까지 내가 가르친 철학은 어디에 있는가? 이런 일이 올 수 있다는 것을 우리는 오래전부터 알지 않았던가?"라고 말했다. 그는 마지막 순간까지 평온했다. 어떻게 그럴 수 있었을까? 그가 평생 연습한 것이 있었기 때문이다. 현재 이 순간에 충실하는 것. 미래를 두려워하거나 과거를 후회하는 대신, 지금 여기에 온전히 존재하는 것. 세네카는 죽음 앞에서조차 이 원칙을 지켰다.

그런데 우리는 어떤가? 퇴근길 지하철에서 스마트폰을 보다가 문득 고개를 든다. 창밖으로 노을이 지고 있다. 아름답다고 느끼는 것도 잠시, 다시 고개를 숙인다. 내일 회의 걱정, 어제 한 말실수에 대한 후회. 노을은 사라지고 오늘 하루도 그렇게 지나간다. 현대 사회는 끊임없이 우리를 미래로 내몬다. 내일의 성공, 다음 달의 승진, 내년의 목표를 위해 오늘을 희생하라고 속삭인다. 동시에 과거의 실수와 후회가 우리의 발목을 잡아끌며 현재의 평화를 방해한다. 이러한 시간의 양극단 사이에서 우리는 정작 가장 소중한 순간인 '지금'을 놓치고 있다. 세네카는 "미래에 대한 기대는 오늘을 빼앗아간다. 미래를 기다리느라 현재를 잃는다."라고 말했다. 행복은 과거나 미래에 있지 않고 바로 현재 이 순간에 있다.

우리가 현재를 온전히 살지 못하는 가장 큰 이유는 과거 후회와 미래 불안이다. 과거의 후회는 이미 지나가 버린 시간에 우리의 정신을 묶어둔다. '그때 다르게 했더라면', '왜 그런 선택을 했을까'라는 생각들이 끊임없이 머릿속을 맴돈다. 이런 후회는 현재의 에너지를 과거로 빼돌린다. 반대편에서는 미래에 대한 불안이 우리를 괴롭힌다. '만약 실패하면 어떻게 하지', '이 선택이 잘못된 것은 아닐까'라는 걱정들이 현재의 행복을 가로막는다. 과거를 돌아볼 줄 모르고, 현재를 소홀히 하며, 미래만 두려워하는 사람에게 인생은 늘 짧고 불안하다. 세네카는 이런 태도가 삶을 낭비하는 가장 확실한 방법이라고 보았다. 이렇게 우리는 실제로 존재하지 않는 과거와 미래 사이에서 허우적거리며 유일하게 실재하는 현재를 놓치고 만다.

현재에 집중한다는 것은 단순히 과거와 미래를 무시하라는 뜻이 아니다. 과거는 배움의 원천이고 미래는 희망의 동력이기 때문이다. 중요한 것은 과거의 경험을 현재의 지혜로 활용하고, 미래의 목표를 현재의 동기로 전환하는 것이다. 세네카는 시간을 세 부분으로 나눴다. 과거는 이미 지나갔지만, 기억과 성찰을 통해 온전히 우리 것이 될 수 있는 시간이다. 미래는 아직 오지 않았고, 우연과 운명에 달려 있어 우리 것이라 말하기 어렵다. 그리고 현재. 이 순간은 찰나처럼 흘러가 버려서 거의 붙잡기 어렵다. 그런데 역설적이게도 우리가 실제로 살 수 있는 시간은 오직 이 현재뿐이다. 대부분의 사람들은 과거를 후회하거나 미래를 걱정하느라 정작 현재에는 주의를 기울이지 않는다. 과거의 실수는 현재의 현명한 선택을 위한 소중한 데이터가 된다. 미래의 꿈은 현재 순간의 행동에 방향성을 제공한다. 하지만 과거에 매몰되거나 미래에 사로잡혀서는 안 된다. 현재에 뿌리내린 사람만이 과거의 지혜를 제대로 활용하고 미래의 가능성을 현실로 만들어낼 수 있다.

현재 순간에 온전히 집중하는 것은 특별한 기술이 필요한 일이 아니다. 지금 이 순간 일어나고 있는 것을 있는 그대로 느끼는 것이다. 숨을 쉬고 있다는 사실, 발바닥이 땅에 닿는 느낌, 바람이 피부를 스치는 감각. 이런 작은 순간들에 주의를 기울여보자. 이런 연습을 통해 우리는 현재라는 시간의 풍부함을 체험하게 된다. 현재는 결코 빈약하지 않다. 오히려 과거의 모든 경험과 미래의 모든 가능성이 응축되어 있는 가장 충만한 시간이다. 하지만 우리의 마음이 여기저기 떠돌아다니면 이런 충만함을 느낄 수 없다. 현재의 즐거움은 미래의 즐거움을 해치지 않는 방식으로 누리는 것이 좋다. 지금을 충분히 누리면서도 내일을 망치지 않는 것, 이것이 균형이다.

현대인이 현재를 놓치는 또 다른 이유는 끊임없는 자극과 정보의 홍수 속에서 살고 있기 때문이다. 스마트폰은 우리를 24시간 다른 세계로 연결시킨다. SNS는 타인의 삶과 끊임없이 비교하게 만든다. 알림음이 울릴 때마다 우리는 현재에서 이탈한다. 이런 환경에서 현재 순간에 집중한다는 것은 거의 불가능해 보인다. 하지만 바로 이런 상황이기 때문에 의식적으로 현재 중심의 삶에 집중해야 한다. 하루 중 일정 시간은 모든 알림을 꺼두는 것은 어떨까. 자연 속에서 걷기, 책 읽기, 사랑하는 사람과의 깊은 대화처럼 현재 순간에 몰입할 수 있는 활동들을 의식적으로 늘려나가보자. 이런 작은 변화들이 현재에 대한 감수성을 되살려준다.

현재에 만족한다는 것은 현실에 안주하거나 발전을 포기한다는 뜻이 아니다. 오히려 현재 상황을 있는 그대로 받아들이면서 동시에 그 안에서 최선을 다하는 것이다. 불완전한 현실을 인정하되 그것을 개선하기 위한 노력을 멈추지 않는 것이다. 현재의 어려움을 부정하지 않으면서도 그 안에서 가능성을 발견하는 것이다. 이런 태도를 가질 때 우리는 현실과의 불필요한 갈등에서 벗어날 수 있다. '이런 상황이 아니었더라면' 같은 가정법의 고민에서 자유로워진다. 대신 '이런 상황에서 내가 할 수 있는 최선은 무엇인가'라는 건설적인 질문에 집중하게 된다. 다시 말해, 현재에 만족하는 사람은 주어진 조건 안에서 최대한의 가능성을 실현하는 사람이다. 세네카는 이런 현실적 이상주의야말로 진정한 지혜라고 보았다.

일상의 작은 순간들에서 기쁨을 발견하는 능력은 현재에 만족하는 삶의 핵심이다. 아침에 마시는 첫 커피의 향기, 퇴근길에 만나는 석양의 아름다움, 가족과 함께하는 따뜻한 저녁 식사. 이런 평범해 보이는 순간들이 실제로는 삶의 진짜 보물이다. 하지만 우리는 더 큰 성공, 더 많은 돈, 더 높은 지위를 추구하느라 이런 소중한 순간들을 지나쳐 버린다. 세네카는 말했다. "인류의 가장 큰 축복은 우리 안에 있고, 우리 손이 닿는 곳에 있다." 행복은 어디 멀리 있는 것이 아니라 바로 우리 곁에, 우리가 살고 있는 이 순간에 있다. 작은 기쁨들을 알아보는 눈을 기르는 것이 현재에 만족하는 첫걸음이다. 매일 저녁 '오늘 나는 어떤 작은 기쁨을 경험했는가?'라고 스스로에게 물어보는 습관을 들여보자. 처음에는 별것 아닌 것들이 떠오르겠지만, 점점 일상 속 행복의 조각들이 눈에 들어오기 시작할 것이다.

끊임없는 목표 추구는 현대인의 숙명처럼 보인다. 학생 시절에는 좋은 성적, 좋은 대학이 목표였다. 사회에 나와서는 승진, 연봉 인상, 내 집 마련이 목표가 된다. 중년이 되어서는 자녀의 성공, 노후 준비가 새로운 목표로 등장한다. 이렇게 평생 목표를 향해 달려가다 보면 정작 삶 자체를 놓치게 된다. 목표 지향적 삶의 문제는 현재를 미래를 위한 수단으로만 여긴다는 점이다. 지금의 고생은 미래의 행복을 위한 투자라고 생각하며 현재의 불행을 정당화한다. 하지만 이런 식으로 살다 보면 미래가 현재가 되어도 또 다른 미래를 위해 현재를 희생하는 악순환에 빠지게 된다. 세네카는 이런 삶을 정확히 꼬집었다. "우리가 미루는 동안 삶은 흘러가 버린다. 인생을 가로막는 가장 큰 장애물은 내일을 기다리는 마음이다. 내일을 기다리느라 오늘을 잃어버리기 때문이다." 목표를 갖되 그것에 사로잡히지 않는 것이 중요하다. 목표를 향해 나아가면서도 여정 자체를 즐기는 것이다.

현재에 만족하는 삶을 어떻게 실천할 수 있을까? 먼저 매일 아침 일어나면서 '오늘 내가 감사할 수 있는 것들은 무엇인가?'라고 스스로에게 물어보자. 건강, 가족, 친구, 일, 심지어 숨 쉴 수 있다는 기본적 사실까지도 감사의 대상이 될 수 있다. 둘째, 하루 중 정해진 시간에 현재에 집중하는 연습을 해보자. 5분이라도 좋으니 지금 이 순간에 온전히 머무는 시간을 만들어보자. 셋째, 일상의 작은 즐거움들을 의식적으로 찾아보자. 맛있는 음식, 아름다운 풍경, 따뜻한 햇살, 이런 것들에 잠시라도 주의를 기울여보자. 넷째, 과거의 후회나 미래의 걱정이 떠오를 때마다 의식적으로 현재로 주의를 돌려보자. 호흡에 집중하거나 발바닥의 감각을 느끼는 것만으로도 현재로 돌아올 수 있다. 다섯째, 완벽하지 않은 현재 상황을 받아들이면서도 그 안에서 할 수 있는 최선의 노력을 찾아보자.

현재에 만족하는 삶이 가져다주는 변화는 놀라울 정도다. 무엇보다 내적 평화가 찾아온다. 과거의 후회와 미래의 불안에서 벗어나면 마음이 고요해진다. 이런 고요함 속에서 진정한 자신의 목소리를 들을 수 있게 된다. 또한 현재 순간에 집중하면 집중력과 생산성이 향상된다. 여러 가지를 동시에 걱정하느라 분산되었던 에너지가 한 곳에 모이게 된다. 인간관계도 깊어진다. 현재 순간에 있는 상대방에게 온전히 집중할 수 있기 때문이다. 가장 중요한 변화는 삶에 대한 만족도가 높아진다는 것이다. 어디 다른 곳에서 행복을 찾으려 하지 않고 지금 여기서 충분함을 느낄 수 있게 된다.

세네카의 지혜는 시간을 초월한다. 현재에 만족한다는 것은 체념이 아니라 지혜다. 현실 도피가 아니라 현실 수용이다. 소극적 태도가 아니라 적극적 선택이다. 우리는 과거를 바꿀 수 없고 미래를 완벽하게 통제할 수도 없다. 하지만 현재는 우리 손 안에 있다. 현재 이 순간을 어떻게 살 것인가는 전적으로 우리의 선택이다. 세네카는 이렇게 당부했다. "온 미래는 불확실 속에 놓여 있다. 오늘을 살아라." 진정한 행복은 멀리 있지 않다. 바로 지금, 여기에 있다.

현재에 만족하는 삶을 살기 위해서는 용기가 필요하다. 세상의 속도에 휘둘리지 않고 자신만의 리듬을 찾는 용기, 남들의 기준이 아닌 자신의 가치관에 따라 사는 용기, 완벽하지 않은 현실을 받아들이면서도 희망을 잃지 않는 용기가 필요하다. 이런 용기를 낼 때 비로소 진정한 자유를 맛볼 수 있다. 시간에 쫓기지 않는 자유, 타인의 시선에 흔들리지 않는 자유, 내면의 평화를 누리는 자유를 얻게 된다.

현재에 만족하는 삶은 하루아침에 이루어지지 않는다. 매일매일의 작은 선택들이 쌓여서 만들어지는 삶의 양식이다. 오늘부터 시작해보자. 과거의 후회에 사로잡히는 대신 그 경험에서 배운 교훈에 감사하자. 미래의 불안에 떨지 말고 현재 할 수 있는 최선에 집중하자. 거창한 목표에만 매달리지 말고 일상의 작은 행복들을 소중히 여기자. 세네카가 말했듯이, 인생은 그것을 어떻게 쓰느냐를 안다면 충분히 길다.

"가장 피하고 싶은 곳에
가장 중요한 것이 묻혀 있다."

제2부

감정과 마음의 통제

: 흔들림 속에서도 평정을 지키는 힘

상상 속 고통은 우리가 허락하는 한 계속된다 | 화가 나를 지배하기 전에, 내가 먼저 화를 지배하라 | 감정은 신호일 뿐, 명령이 아니다 | 두려워할수록 두려운 일이 일어난다 | 더 많이 가져서가 아니라, 가진 것을 알아서 풍요롭다 | 혼자 있을 수 있는 사람이 누구와도 함께할 수 있다

상상 속 고통은 우리가 허락하는 한 계속된다

"우리를 짓누르는 것보다
우리를 두렵게 하는 것이 더 많다.
우리는 현실보다 상상 속에서
더 자주 고통받는다."

— 세네카, 『루킬리우스에게 보내는 도덕 편지』 제13서

누구나 건강검진 결과를 기다려본 적이 있을 것이다. 검사를 받고 결과가 나오기까지 며칠, 머릿속은 온갖 상상으로 가득 찬다. '혹시 큰 병이면 어떡하지?' '수술해야 하면?' '일은 어떻게 하고?' 밤에 잠이 안 오고, 밥맛도 없고, 아무것도 손에 잡히지 않는다. 그렇게 며칠을 괴로워하다 결과를 확인하면? 대부분은 '이상 없음'이다. 그 며칠간의 고통은 뭐였을까. 실제로 많은 심리학 연구에 따르면 우리가 하는 걱정의 상당수가 실제로 일어나지 않거나, 이미 지나간 일이거나, 너무 사소하거나, 어차피 바꿀 수 없는 일이다. 정말 우리가 다뤄야 할 걱정은 생각보다 훨씬 적다. 그럼에도 우리는 대부분의 에너지를 헛된 상상에 쏟아붓고, 스스로를 지치게 만들고 있다.

세네카는 인간이 겪는 고통의 상당 부분이 현실이 아닌 상상에서 비롯된다고 지적했다. 어떤 것들은 필요 이상으로 우리를 괴롭히고, 어떤 것들은 아직 일어나지도 않았는데 미리 우리를 괴롭히며, 어떤 것들은 우리를 괴롭힐 이유가 전혀 없는데도 괴롭힌다는 것이다. 우리는 슬픔을 과장하거나 상상하거나 미리 당겨오는 습관이 있다. 지금까지 겪어온 괴로움의 상당 부분이 실제로는 머릿속이 만들어낸 허상이었다는 것을 받아들일 때, 비로소 진정한 자유의 첫걸음을 내딛게 된다.

우리의 뇌는 생존을 위해 끊임없이 위험을 감지하고 예측하려 한다. 이는 원시시대에는 매우 유용한 기능이었지만, 현대 사회에서는 오히려 우리를 괴롭히는 주범이 되었다. 실제 위험이 거의 없는 안전한 환경에서도 우리의 마음은 계속해서 가상의 위협을 만들어내고, 그에 대해 걱정하고 불안해한다. 직장에서의 작은 실수 하나가 해고로 이어질까 봐 며칠

밤을 뒤척이고, 연인과의 사소한 다툼이 이별의 신호는 아닌지 온갖 상상을 하며 스스로를 고문한다. 이런 상상 속 고통은 실제 고통보다 훨씬 더 오래 지속되고, 더 깊이 우리를 괴롭힌다. 실제 고통은 그 순간에만 존재하지만, 상상 속 고통은 과거의 후회와 미래의 불안이 뒤섞여 끝없이 우리를 따라다닌다.

상상 속 고통의 가장 큰 특징은 현실의 제약을 받지 않는다는 점이다. 실제 상황에서는 문제를 해결하거나 그 문제에 적응할 수 있는 구체적인 방법들이 있다. 하지만 상상 속에서는 모든 것이 최악의 시나리오로 치달을 수 있고, 우리는 그 앞에서 무력감을 느낀다. 예를 들어, 중요한 프레젠테이션을 앞두고 있을 때 실제로는 충분히 준비하고 연습할 수 있는 시간과 방법이 있다. 그러나 상상 속에서는 모든 준비가 수포로 돌아가고, 청중 앞에서 완전히 망신을 당하는 장면만이 반복된다. 이런 상상은 실제 준비에 집중해야 할 에너지를 고갈시키고, 오히려 실패 가능성을 높인다. 아직 일어나지도 않은 실패에 대해 미리 괴로워하며, 정작 성공을 위해 필요한 현실적 행동은 미루게 되는 것이다.

이런 부정적 사고의 악순환을 끊기 위해서는 먼저 언제 상상의 영역으로 빠져드는지를 알아차려야 한다. 마음이 '만약에'라는 단어로 시작되는 생각들로 가득 찰 때, 우리는 이미 현실에서 벗어나 상상의 세계로 들어간 것이다. '만약에 내가 실패한다면', '만약에 그 사람이 나를 싫어한다면', '만약에 이 일이 잘못된다면'과 같은 생각들이 머릿속을 맴돌 때, 이것이 바로 상상 속 고통의 시작이다. 이런 순간을 포착하는 것이 첫 번째 단계다. 자각 없이는 변화도 없다. 지금 이 순간에도 얼마나 많은 시간을 현실이 아닌 가상의 문제들에 쓰고 있는지 스스로에게 물어보자.

상상 속 고통에서 벗어나는 핵심은 현실과 상상을 명확히 구분하는 것이다. 스토아 철학에서 말하는 '있는 그대로의 현실'을 받아들인다는 것은 바로 이런 의미다. 현실은 우리의 감정이나 해석과 무관하게 그냥 존재한다. 비가 온다는 것은 단순한 기상 현상이지, 우리의 기분을 망치려는 음모가 아니다. 동료가 인사를 하지 않은 것은 단순히 그 사람이 바빴거나 다른 생각에 잠겨 있었을 뿐이지, 우리를 의도적으로 무시한 것이 아닐 수 있다. 하지만 우리는 종종 이런 중립적인 사실들에 우리만의 해석과 의미를 덧씌워서 불필요한 고통을 만들어낸다. 현실은 생각보다 훨씬 단순하고 담백하다. 복잡하고 드라마틱하게 만드는 것은 바로 우리의 상상력이다.

세네카는 이렇게 권했다. 위기가 닥치기 전에 미리 불행해하지 말라는 것이다. 창백해질 만큼 두려워했던 위험들이 실제로는 다가오지 않을 수도 있고, 적어도 아직은 오지 않았기 때문이다. 스토아적 사고방식의 핵심은 우리가 통제할 수 있는 것과 없는 것을 명확히 구분하는 것이다. 이미 일어난 일이나 타인의 행동, 자연현상 등은 우리가 통제할 수 없는 영역이다. 아무리 걱정하고 불안해해도 이런 것들은 우리의 의지로 바꿀 수 없다. 하지만 이런 상황에 대한 우리의 반응, 해석, 그리고 다음 행동은 온전히 우리의 통제하에 있다. 상상 속에서 끝없이 시나리오를 그려보는 대신, 지금 이 순간 할 수 있는 구체적인 행동에 집중해보자. 불안한 미래를 걱정하느라 현재의 기회를 놓치는 것보다 어리석은 일은 없다. 미래는 현재의 선택과 행동이 누적되어 만들어지는 것이지, 우리의 걱정으로 결정되는 것이 아니다.

미래에 대한 불안을 현재의 행동으로 전환하는 것은 상상 속 고통에서 벗어나는 가장 실질적인 방법이다. 건강이 걱정된다면 지금 당장 운동을 시작하고 식습관을 개선하면 된다. 경제적 불안이 있다면 지금부터 가계를 점검하고 부수입원을 만들거나 투자를 공부하면 된다. 인간관계가 염려된다면 먼저 내가 상대방에게 더 좋은 친구가 되려고 노력하면 된다. 모든 불안과 걱정에는 그에 대응하는 구체적인 행동이 있다. 문제는 우리가 행동 대신 걱정을 선택한다는 것이다. 걱정은 아무것도 해결하지 못하지만 행동은 실제 변화를 만들어낸다. 지금 가장 걱정되는 것이 무엇인지 생각해보고, 그에 대해 오늘 당장 할 수 있는 작은 행동 하나를 찾아 실행해보자.

상상 속 고통의 또 다른 문제는 그것이 우리의 에너지를 고갈시킨다는 점이다. 실제 고통은 우리에게 명확한 신호를 주고, 우리는 그에 따라 적절한 대응을 할 수 있다. 하지만 상상 속 고통은 끝이 없다. 하나의 걱정이 해결되면 또 다른 걱정이 생겨나고, 우리는 끊임없이 가상의 문제들과 씨름하며 정작 중요한 일들에 집중할 수 없게 된다. 이는 마치 그림자와 싸우는 것과 같다. 그림자를 아무리 세게 때려도 다치는 것은 자신의 주먹뿐이다. 상상 속 고통도 마찬가지다. 그것과 싸우려 할수록 더 큰 고통만 따라올 뿐, 실질적인 해결책은 얻을 수 없다.

진정한 해결책은 이런 상상들을 억지로 밀어내려 하지 않는 것이다. 그것들을 있는 그대로 인정하면서도 그것이 현실이 아님을 명확히 아는 것이 중요하다. '아, 지금 내가 또 상상의 세계로 빠져들고 있구나'라고 자각하는 순간, 우리는 이미 그 함정에서 한 발 벗어난 것이다. 마음의 습관을 바꾸는 것은 하루아침에 이루어지지 않지만, 꾸준한 자각과 연습을 통해 충분히 가능하다. 부정적인 상상이 시작될 때마다 스스로에게 물어보자. '이건 현실인가, 내 머릿속이 만들어낸 것인가? 지금 내가 할 수 있는 실질적인 일은 무엇인가?'

고통을 성장의 기회로 바라보는 관점의 전환은 우리 삶에 큰 변화를 가져온다. 실제 고통이든 상상 속 고통이든, 그것들은 모두 우리에게 중요한 메시지를 전달한다. 실제 고통은 우리가 무언가를 바꿔야 한다는 신호이고, 상상 속 고통은 우리의 내면에 숨어있는 두려움이나 불안을 드러내는 신호다. 이런 신호들에 귀 기울여볼 때, 우리는 조금씩 더 단단한 사람이 되어간다. 고통은 우리가 약하다는 증거가 아니라 우리가 살아있다는 증거다. 고통을 전혀 느끼지 않는다면, 그건 오히려 무언가 잘못된 것이다.

상상 속 고통에서 벗어나는 것은 고통 자체를 피하는 것이 아니라 불필요한 고통을 만들어내지 않는 것이다. 우리는 여전히 실제적인 어려움들과 마주해야 하고, 때로는 진짜 고통을 경험해야 한다. 하지만 그런 실제 고통조차도 우리의 상상이 만들어내는 부가적인 괴로움 없이 경험한다면 훨씬 견디기 쉬워진다. 병에 걸렸을 때 질병 자체의 고통은 피할 수 없지만, '이 병이 낫지 않으면 어떻게 하지', '사람들이 나를 어떻게 볼까', '내 인생이 망하는 건 아닐까'와 같은 상상 속 고통까지 더할 필요는 없다. 현실의 고통만으로도 충분히 힘든데 상상의 고통까지 더한다면 우리는 두 배로 고통받게 된다.

현재 순간에 집중하는 것은 상상 속 고통에서 벗어나는 가장 확실한 방법이다. 상상 속 고통은 항상 과거나 미래에 관한 것이다. 과거의 실수에 대한 후회나 미래의 불확실성에 대한 두려움이 그 정체다. 하지만 현재 이 순간에는 그런 고통이 존재하지 않는다. 지금 이 순간 앉아 있는 의자의 감촉, 들리는 소리, 보이는 것들, 느껴지는 온도 등은 모두 중립적이고 평화로운 현실이다. 현재에 온전히 집중할 때 우리는 마음의 소음에서 벗어나 진정한 평안을 경험할 수 있다. 이것이 바로 명상이나 마음챙김이 추구하는 상태다.

마지막으로, 상상 속 고통을 완전히 없애려고 애쓰지 않아도 된다. 그것도 인간 마음의 자연스러운 일부다. 중요한 것은 그것에 지배당하지 않는 것이다. 상상 속 고통이 찾아올 때마다 '아, 또 왔구나' 하고 담담하게 받아들이면서도, 그것이 현실이 아님을 명확히 기억하자. 그리고 그 에너지를 현실적인 행동으로 전환해보자. 걱정하는 시간을 줄이고 행동하는 시간을 늘릴 때, 삶은 훨씬 가벼워진다. 실제 고통은 그 순간만 지속되지만, 상상 속 고통은 우리가 허락하는 한 계속된다. 이제 그 허락을 멈추고 지금, 여기의 삶을 살아가보자.

"걱정은 내일의 고통을 덜어주지 않는다.

오늘의 힘만 빼앗아갈 뿐이다."

화가 나를 지배하기 전에,
내가 먼저 화를 지배하라

"분노는 잠시의 광기다.
분노는 자제력을 잃게 하고,
품위를 잊게 하며,
이성과 조언에 귀를 닫게 한다."

— 세네카, 『분노에 관하여』

2006년, 프랑스 축구 영웅 지네딘 지단은 월드컵 결승전에서 이탈리아 수비수 마테라치의 도발에 머리를 들이받았다. 은퇴 경기였고, 전 세계가 지켜보는 무대였다. 그 몇 초의 분노로 그는 퇴장당했고, 프랑스는 결국 승부차기에서 졌다. 지단은 후에 '후회하지 않는다'고 말했지만, 많은 이들은 그 날 밤을 그의 화려한 경력에 남은 유일한 오점으로 기억한다. 분노의 순간은 짧았지만, 그 결과는 영원히 남았다. 세네카는 이런 상황을 정확히 예견한 듯 이렇게 말했다. "분노는 잠시의 광기다. 분노는 자제력을 잃게 하고, 품위를 잊게 하며, 이성과 조언에 귀를 닫게 한다."

화가 난 순간 우리는 평소의 판단력을 잃는다. 말과 행동의 통제권을 화라는 감정에 완전히 넘겨주게 된다. 세네카가 이 상태를 '잠시의 광기'라고 표현한 것은 분노의 본질을 꿰뚫어 본 정확한 진단이었다. 화가 났을 때 우리가 하는 말과 행동은 마치 정신을 잃은 사람의 그것과 다르지 않다. 그 순간 우리는 자신이 소중히 여기는 관계를 파괴하고, 오랫동안 쌓아온 신뢰를 한 번에 무너뜨리며, 후회할 결정을 내리게 된다.

요즘 세상은 우리를 끊임없이 화나게 만드는 자극들로 가득하다. 출퇴근 시간의 교통체증, 직장에서의 불합리한 대우, 가족 간의 갈등, SNS에서 마주하는 불쾌한 댓글들, 정치적 견해 차이, 경제적 스트레스까지 우리의 분노 버튼을 누르는 요소들은 하루 종일 우리 주변에 널려 있다. 특히 디지털 시대에 들어서면서 우리는 전 세계의 부정적인 뉴스와 갈등 상황을 실시간으로 접하게 되었고, 이는 우리의 분노 수준을 지속적으로 높이는 결과를 낳고 있다. 더욱 심각한 것은 이러한 분노가 익명성이라는 방패 뒤에 숨어 더 극단적이고 파괴적인 형태로 표출되고 있다는 점이다. 온라인 공간에서의 악플, 무차별적 비난, 집단 공격 같은 현상들은 모두 통제되지 않은 분노가 얼마나 위험한 결과를 초래할 수 있는지를 보여주는 생생한 사례들이다.

분노의 본질을 이해하는 것이 그것을 다스리는 첫걸음이다. 분노는 원시적 생존 본능에서 비롯된 감정으로, 위협을 느꼈을 때 그것을 제거하거나 피하기 위해 발동되는 자연스러운 반응이다. 문제는 현대 사회 대부분의 분노 유발 상황들이 실제로 생존과 직결된 위협이 아니라는 점이다. 상사의 무리한 요구, 배우자의 사소한 실수, 자녀의 반항적 태도, 이웃의 소음 등은 분명히 불쾌하고 스트레스를 주는 일이지만, 우리의 생존을 직접적으로 위협하는 상황은 아니다. 그럼에도 우리의 뇌는 마치 생명을 위협하는 맹수를 만난 것처럼 반응하며, 아드레날린을 분비하고 심장박동이 빨라지며 공격 또는 도피를 위한 준비 상태에 들어간다. 이런 생리적 변화는 우리의 사고를 단순화시키고, 복잡한 상황을 흑백논리로 판단하게 만들며, 결과적으로 현명하지 못한 선택을 하도록 유도한다.

분노가 가져오는 파괴적 결과들을 살펴보면 그 심각성이 더욱 명확해진다. 가장 직접적인 피해는 인간관계에서 나타난다. 화가 난 상태에서 내뱉는 말들은 마치 날카로운 칼처럼 상대방의 마음에 깊은 상처를 남긴다. 세네카는 "분노의 결과는 언제나 분노를 일으킨 원인보다 더 해롭다."라고 경고했다. '당신 같은 사람과는 더 이상 함께 있을 수 없다', '도대체 왜 그런 식으로 생각하는지 이해할 수 없다'와 같은 말들은 분노한 순간에는 통쾌할지 모르지만, 시간이 지나면 돌이킬 수 없는 상처가 되어 관계를 영영 파괴해버린다. 더욱 안타까운 것은 이런 말들이 진심이 아니라 분노에 지배당한 상태에서 나온 것임에도, 한 번 상처받은 마음은 쉽게 회복되지 않는다는 점이다. 부부간의 이혼, 부모와 자녀 간의 단절, 친구 관계의 파탄, 직장에서의 갈등 심화 등 우리 주변에서 벌어지는 많은 비극적 상황들의 근본 원인을 추적해보면 대부분 통제되지 않은 분노에서 시작되었다는 것을 발견할 수 있다.

분노는 또한 우리의 신체적, 정신적 건강에 심각한 악영향을 미친다. 의학 연구들에 따르면 만성적인 분노는 고혈압, 심장병, 뇌졸중의 위험을 현저히 증가시키며, 면역 시스템을

약화시킨다. 분노할 때 분비되는 스트레스 호르몬들은 장기적으로 뇌 기능에도 부정적 영향을 미쳐 기억력 저하, 집중력 감소, 우울증 등의 문제를 야기할 수 있다. 더욱이 분노는 마치 중독성 약물처럼 작용하여 점점 더 자주, 더 강하게 느끼게 되는 악순환을 만들어낸다. 분노에 익숙해진 사람은 작은 자극에도 쉽게 화를 내게 되고, 이는 주변 사람들로 하여금 그를 피하게 만들어 결국 고립과 외로움이라는 더 큰 문제로 이어진다.

그렇다면 화가 치밀어 오르는 순간, 어떻게 멈출 수 있을까? 세네카는 이렇게 조언했다. "분노에 대한 가장 좋은 치료제는 지연이다." 첫 번째이자 가장 중요한 단계는 분노의 신호를 조기에 인식하는 것이다. 대부분의 사람들은 이미 화가 치밀어 오른 후에야 자신이 분노하고 있다는 것을 깨닫는다. 하지만 분노는 갑작스럽게 나타나는 것이 아니라 몸과 마음에서 여러 가지 전조 신호들을 보낸다. 심장박동이 빨라지고, 호흡이 거칠어지며, 근육이 긴장되고, 얼굴이 뜨거워지는 등의 신체적 변화들이 먼저 나타난다. 정신적으로는 상황을 극단적으로 해석하기 시작하고, 상대방의 의도를 악의적으로 받아들이며, '항상', '절대', '전혀'와 같은 절대적 표현을 사용하여 생각하게 된다. 이런 초기 신호들을 민감하게 포착할 수 있다면 분노가 절정에 이르기 전에 대응할 수 있는 소중한 시간을 확보할 수 있다.

신호를 포착한 후에는 즉시 '일시정지'를 눌러야 한다. 이는 말 그대로 현재 하고 있는 행동을 멈추고, 말하려던 것을 참으며, 깊고 천천히 숨을 쉬는 것이다. 가장 효과적인 방법 중 하나는 10까지 세면서 숫자마다 깊게 숨을 들이마시고 천천히 내쉬는 것이다. 이 단순해 보이는 행위는 우리의 자율신경계를 진정시키고, 아드레날린 분비를 억제하며, 무엇보다 이성적 사고를 담당하는 전두엽이 다시 활성화될 수 있는 시간을 제공한다. 만약 상황이 허락한다면 그 자리를 잠시 벗어나는 것도 좋은 방법이다. '잠깐 화장실에 다녀올게', '바람 좀 쐬고 올게'와 같이 자연스럽게 자리를 피한 후 충분히 진정할 시간을 가지는 것이다. 이때 중요한 것은 그 시간을 분노를 더 부추기는 생각을 하는 데 사용하지 않고, 오히려 상황을 객관적으로 바라보려 노력하는 것이다.

분노를 멈추는 또 다른 강력한 방법은 관점의 전환이다. 분노한 순간 우리는 상황을 매우 좁은 시각에서 바라보게 된다. 오직 자신의 입장에서만 생각하고, 상대방의 행동을 가장 나쁜 의도로 해석하며, 그 순간의 감정이 영원히 지속될 것처럼 느낀다. 이때 의도적으로 시각을 넓혀보는 노력이 필요하다. '지금으로부터 1년 후에도 이 일이 중요할까?', '내가 상대방 입장이었다면 어떻게 행동했을까?', '이 상황에서 내가 배울 수 있는 것은 무엇일까?'와 같은 질문들을 스스로에게 던져보는 것이다. 이러한 질문들은 마음의 여유를 만들어내고, 분노의 강도를 자연스럽게 낮춰준다. 특히 상대방의 입장에서 생각해보는 연습은 분노를 이해와 공감으로 전환시키는 놀라운 효과를 발휘한다.

한 걸음 더 나아가, 분노를 건설적인 에너지로 전환할 수도 있다. 분노 자체는 나쁜 감정이 아니다. 오히려 분노는 우리가 소중하게 여기는 가치가 위협받고 있다는 신호이며, 변화가 필요하다는 내면의 목소리다. 문제는 그 에너지를 파괴적 방향으로 사용하느냐, 건설적 방향으로 사용하느냐에 있다. 역사를 돌아보면 많은 위대한 변화들이 분노에서 시작되었음을 알 수 있다. 사회적 불의에 대한 의로운 분노가 개혁을 이끌어냈고, 개인적 좌절감이 더 나은 자신을 만들어가는 동력이 되었다. 핵심은 분노의 에너지를 파괴가 아닌 창조를 위해 사용하는 것이다. 직장에서의 불합리한 대우에 분노를 느낀다면, 그것을 동료들과 싸우는 데 사용하기보다는 더 나은 업무 환경을 만들기 위한 건설적 제안서를 작성하는 데 활용할 수 있다. 가족 관계에서 오는 스트레스를 분노로 표출하기보다는 더 나은 소통 방법을 찾고 관계를 개선하는 노력으로 전환할 수 있다.

분노를 건설적 에너지로 바꾸는 실용적인 방법들이 있다. 먼저 '글쓰기 요법'이다. 화가 난 상황과 감정을 종이에 상세히 적어보는 것이다. 이 과정에서 중요한 것은 검열 없이 솔직하게 자신의 감정을 표현하는 것이다. 처음에는 원망과 분노가 가득한 글이 나오겠지만, 계속 쓰다 보면 자연스럽게 상황을 객관화하게 되고 해결책을 생각하게 된다. 또한 '신체 활동'을 통해 분노의 에너지를 방출하는 방법도 있다. 격렬한 운동, 청소, 산책 등은 분노로 인해 분비된 스트레스 호르몬들을 자연스럽게 소모하고, 엔도르핀이라는 행복 호르몬의 분비를 촉진시킨다. '창조적 활동'도 훌륭한 대안이다. 그림 그리기, 악기 연주하기, 요리하기 등은 분노의 에너지를 아름다운 무언가로 변화시킨다.

분노 관리에서 빠질 수 없는 중요한 요소는 타인의 행동에 대한 관점 전환이다. 우리가 화를 내는 이유의 대부분은 다른 사람이 우리의 기대와 다르게 행동했기 때문이다. 하지만 여기서 한 가지 명심해야 할 사실이 있다. 모든 사람이 각자 다른 배경, 경험, 가치관을 가지고 있다는 것이다. 상사가 무리한 요구를 할 때, 그는 단순히 우리를 괴롭히려는 것이 아니라 자신도 모르는 압박감과 스트레스 속에서 최선을 다하려 노력하고 있을지도 모른다. 배우자가 집안일을 도와주지 않을 때, 그는 게으르거나 무관심한 것이 아니라 다른 걱정거리로 머리가 가득 차 있을 수도 있다. 자녀가 말을 듣지 않을 때, 그는 반항하는 것이 아니라 자신만의 방식으로 독립성을 키워가는 중일지도 모른다. 이런 관점에서 상대방의 행동을 바라보면, 분노보다는 이해와 공감이 먼저 일어나게 된다.

누군가의 실수에 화가 치밀어 오를 때, 잠시 멈추고 나 자신이 저질렀던 실수들을 떠올려보자. 완벽한 사람은 아무도 없다. 나 역시 수많은 실수를 해왔고, 그때마다 누군가의 이해와 용서를 받았다. 그걸 떠올리면 상대방을 향한 분노가 한결 누그러진다. 특히 현대 사회에서는 모든 사람이 각각 다른 스트레스와 고민을 안고 살아간다는 점을 인정하는 것이 중요하다. 경제적 불안, 취업난, 육아 부담, 건강 문제, 인간관계의 복잡함 등 우리 모두가 감당하기 벅찬 문제들과 씨름하고 있다. 이런 상황에서 완벽한 행동을 기대하는 것은 비현실적이다. 오히려 서로의 불완전함을 인정하고 이해하려는 마음가짐이 더욱 필요한 시대다. 상대방이 실수를 했을 때 '저 사람도 힘든 일이 있나 보다', '누구나 그럴 수 있는 일이야'라고 생각하는 관용의 마음을 기르는 것이다. 이는 단순한 체념이나 포기가 아니라 인간다운 삶을 위한 지혜로운 선택이다.

그렇다면 평소에 어떻게 하면 평온한 마음 상태를 유지할 수 있을까? 가장 기본적이면서도 효과적인 방법은 '마음챙김' 연습이다. 이는 현재 순간에 온전히 집중하면서 자신의 생각과 감정을 객관적으로 관찰하는 능력을 기르는 것이다. 하루 중 몇 분이라도 조용한 곳에 앉아서 자신의 호흡에 집중하고, 떠오르는 생각들을 판단하지 않고 그저 지켜보는 연습을 해보자. 처음에는 어색하고 집중하기 어려울 수 있지만, 꾸준히 연습하면 일상생활에서도 감정의 변화를 민감하게 감지하고 적절히 대응할 수 있는 능력이 향상된다. 또한 '예방적 자기관리'도 중요하다. 분노가 터져 나온 후에 대처

하는 것보다 애초에 분노가 일어나기 어려운 컨디션을 유지하는 것이 훨씬 효과적이다. 충분한 수면, 규칙적인 운동, 균형 잡힌 식사, 적절한 휴식은 우리의 감정 조절 능력에 직접적인 영향을 미친다. 특히 수면 부족은 감정 조절을 담당하는 뇌 영역의 기능을 현저히 떨어뜨려 작은 자극에도 쉽게 화를 내게 만든다.

인간관계에서의 분노 관리를 위해서는 '경계 설정'의 기술도 필요하다. 때로는 분노가 일어나는 것이 당연한 상황들이 있다. 지속적으로 우리를 불편하게 하거나 존중하지 않는 사람들, 부당한 대우를 하는 환경, 우리의 가치관과 완전히 배치되는 상황들 말이다. 이런 경우에는 무조건 참거나 화를 내는 것보다 명확하고 건설적인 방식으로 자신의 입장을 표현하고 적절한 경계를 설정하는 것이 필요하다. '이런 식의 대화는 더 이상 지속하기 어려울 것 같아요', '서로를 존중하는 선에서 이야기했으면 좋겠어요'와 같이 차분하면서도 단호한 태도로 자신의 한계를 알리는 것이다. 이는 관계를 파괴하는 것이 아니라 오히려 건강한 관계를 만들어가는 과정이다.

마지막으로, 분노 관리는 하루아침에 완성되는 것이 아님을 인정해야 한다. 오랜 세월 동안 형성된 감정 반응 패턴을 바꾸는 것은 시간과 인내가 필요한 과정이다. 실수를 하더라도 자신을 비난하지 말고, 다시 시작할 기회로 받아들이자. 매일 조금씩 연습하고 개선해 나가다 보면, 어느 순간 화가 났던 상황에서도 평온함을 유지할 수 있는 자신을 발견하게 될 것이다. 그때 우리는 진정으로 화를 다스리는 사람이 된 것이다.

지금 이 순간부터 분노의 신호를 포착하고, 일시정지 버튼을 누르며, 건설적인 에너지로 전환할 수 있는 능력을 길러보자. 화라는 감정이 나를 지배하도록 내버려둘 것인가, 아니면 내가 화를 지혜롭게 다스릴 것인가? 선택은 우리에게 달려 있다.

"분노의 결과는

언제나 분노를 일으킨 원인보다

더 해롭다."

감정은 신호일 뿐, 명령이 아니다

"마음을 다스려라.
복종하지 않으면 지배당한다."
— 세네카, 『루킬리우스에게 보내는 도덕 편지』 제37서

면접장 앞에 섰다. 심장이 쿵쾅거리고, 손에 땀이 난다. 머릿속에서 온갖 최악의 시나리오가 돌아간다. '떨어지면 어떡하지?' '질문에 대답 못 하면?' 도망치고 싶은 충동이 밀려온다. 그런데 그 충동대로 돌아섰다면 어떻게 됐을까? 기회는 사라지고, 나중에 '그때 왜 도망쳤을까' 후회했을 것이다. 우리는 이런 순간을 자주 겪는다. 두려우면 피하고, 불안하면 조급해지고, 슬프면 주저앉는 것이 자연스럽다고 생각한다. 하지만 세네카는 이렇게 물었다. 감정이 일어나는 것과 그 감정대로 행동하는 것은 같은 것인가? 그의 대답은 명확했다. 아니다. 우리가 감정의 노예가 되는 것은 감정 자체 때문이 아니라 감정에 대한 우리의 잘못된 믿음과 태도 때문이다. 감정은 단지 우리 내면에서 일어나는 신호일 뿐이며, 그 신호에 어떻게 반응할지는 온전히 우리의 선택이다.

이 통찰은 현대 심리학에서도 핵심 원리로 자리 잡았다. 인지행동치료의 핵심 원리는 바로 감정과 행동 사이에 존재하는 인지적 매개 과정을 인식하고 조절하는 것이다. 어떤 상황이 발생했을 때 우리가 느끼는 감정은 그 상황 자체가 아니라 상황에 대한 우리의 해석과 평가에 의해 결정된다. 똑같은 상황에서도 사람마다 다른 감정을 느끼는 이유가 바로 여기에 있다. 직장에서 상사로부터 비판받았을 때, 어떤 사람은 분노나 절망을 느끼지만 어떤 사람은 성장의 기회로 받아들인다. 중요한 것은 상황 자체가 아니라 그 상황을 어떻게 바라보고 해석하느냐이다. 같은 비가 내려도 누군가는 우울해하고, 누군가는 빗소리를 즐긴다. 감정은 상황이 만드는 게 아니라 해석이 만드는 것이다. 이것이 바로 감정의 자동적 반응과 의식적 선택의 차이다.

많은 현대인들이 감정적 충동에 즉각적으로 반응하는 습관에 익숙해져 있다. 불안하면 즉시 피하려 하며, 두려우면 포기해버리는 것이 자연스럽다고 여긴다. 하지만 이러한 자동적 반응은 우리를 감정의 노예로 만들 뿐이다. 세네카는 해로운 감정을 처음부터 들이지 않는 것이 나중에 다스리는 것보다 쉽다고 말했다. 감정이 커지기 전에 알아차리라는 뜻이다. 진정한 감정의 주인이 되려면 감정이 일어나는 순간과 행동하는 순간 사이에 숨 한 번 쉴 여유를 만들어야 한다. 이 짧은 순간에 우리는 '이게 무슨 감정이지?', '왜 이런 감정이 드는 거지?', '어떻게 반응하는 게 나을까?'라고 스스로에게 질문할 수 있다. 이 한 호흡이 충동적 반응과 의식적 선택을 가른다. 감정을 억압하거나 무시하는 것이 아니라 감정의 신호를 읽고 지혜롭게 반응하는 것이 진정한 감정 조절이다.

부정적 감정이 찾아왔을 때 우리가 할 수 있는 가장 현명한 일은 그 감정을 적으로 여기지 않는 것이다. 분노, 슬픔, 두려움, 질투와 같은 감정들은 모두 우리 내면의 중요한 정보를 전달해주는 신호다. 불안은 준비가 더 필요하다는 신호이고, 슬픔은 우리가 소중히 여기는 것을 잃었음을 알려주며, 두려움은 새로운 도전이 앞에 있음을 알려준다. 이러한 감정들을 단순히 불쾌하다고 해서 억누르거나 외면하면, 우리는 중요한 내적 정보를 놓치게 된다. 그 대신 '이 불안이 나한테 뭘 말해주려는 거지?'라고 물어보자. 그 질문에 답하는 과정에서 내가 진짜 원하는 것, 내가 지키고 싶은 것이 드러난다. 부정적 감정의 신호를 제대로 읽을 수 있게 되면, 우리는 그 감정에 휘둘리지 않으면서도 그 감정이 주는 정보를 얻을 수 있다.

감정에 휘둘리지 않는 내적 안정성을 개발하는 것은 하루아침에 이루어지는 일이 아니다. 이것은 악기를 배우는 것과 비슷하다. 악보를 안다고 바로 연주할 수 있는 게 아니듯, 방법을 안다고 바로 감정이 조절되지는 않는다. 반복해서 연습해야 손에 익는다. 먼저 일상 속에서 자신의 감정을 객관적으로 관찰하는 습관을 기르는 것이 중요하다. '지금 내가 불안해하고 있구나', '지금 내가 실망하고 있구나'라고 마치 옆에서 나를 보는 것처럼 인식해보자. 이렇게 감정을 객관화하는 순간, 우리는 감정과 자신을 동일시하지 않게 된다. '나는 화난 사람이다'가 아니라 '나는 지금 화를 느끼고 있는 사람이다'라는 차이다. 쉬워 보이지만 이 차이가 전부다. 감정은 우리의 전부가 아니라 우리가 경험하는 수많은 상태 중 하나일 뿐이다. 감정은 지나가는 손님과 같다. 손님을 맞이하되, 손님에게 집을 내줄 필요는 없다.

감정의 에너지를 건설적 방향으로 활용하는 것은 감정 조절의 다음 단계다. 모든 감정에는 강력한 에너지가 담겨 있다. 분노에는 변화를 만들어내는 추진력이 있고, 슬픔에는 깊은 공감과 연결의 힘이 있으며, 두려움에는 위험을 예측하고 준비하게 만드는 예리함이 있다. 문제는 이러한 에너지를 파괴적으로 사용하느냐, 건설적으로 사용하느냐이다. 중요한 시험을 앞두고 극심한 불안에 시달릴 때, 그 불안 때문에 공부를 포기하거나 잠만 자버린다면 그것은 파괴적 방향이다. 하지만 그 불안을 '아직 준비가 부족하다'는 신호로 받아들이고, 부족한 부분을 점검하는 에너지로 전환한다면 그것은 건설적 방향이다. 슬픔도 마찬가지다. 소중한 사람을 잃은 슬픔을 무너지는 데 쓸 수도 있지만, 그 슬픔을 통해 삶의 소중함을 깨닫고 남은 시간을 더욱 의미 있게 살아가는 원동력으로 만들 수도 있다.

감정 조절 능력은 결국 관계에서 드러난다. 아무리 좋은 사람도 감정에 휘둘리면 상대에게 상처를 준다. 반대로, 감정을 잘 다루는 사람은 갈등 상황에서도 관계를 지킬 수 있다. 자신의 감정을 이해하지 못하는 사람은 타인의 감정도 이해하기 어렵다. 반대로 자신의 감정을 잘 알고 적절히 표현할 줄 아는 사람은 타인과도 더 깊고 의미 있는 관계를 맺을 수 있다. 상대방의 말에 상처받은 순간을 떠올려보자. 감정에 휘둘려 말을 끊거나 자리를 박차고 나가면 관계는 파괴된다. 하지만 '지금 네 말이 나를 힘들게 했어. 잠깐 정리할 시간이 필요해'라고 말할 수 있다면 어떨까. 같은 상처라도 표현 방식에 따라 관계를 망칠 수도, 오히려 깊게 만들 수도 있다.

감정을 다스리는 주체성은 거창한 훈련이 아니라 일상의 작은 순간에서 길러진다. 퇴근 후 지친 몸으로 집에 왔는데, 가족이 '왜 이렇게 늦어?'라고 한마디 한다. 순간 짜증이 확 올라온다. 목소리가 날카로워지려는 게 느껴진다. 예전 같으면 '나도 힘들어!'라고 쏘아붙였을 것이다. 하지만 이번엔 그냥 '잠깐만'이라고만 하고 방에 들어가 옷부터 갈아입는다. 5분쯤 지나 다시 나오면 아까의 짜증은 절반도 남아 있지 않다. 이게 전부다. 거창한 명상이나 일기 쓰기가 아니다. 그냥 반응하기 전에 한 박자 늦추는 것. 이런 작은 경험이 쌓이면 자신감이 생긴다. '나도 감정에 휘둘리지 않을 수 있구나'라는 걸 몸으로 알게 되는 것이다. 또 하나 효과적인 방법은 자신만의 신호를 알아두는 것이다. 어떤 사람은 불안하면 손톱을 물어뜯고, 어떤 사람은 다리를 떤다. 나는 어떤가? 내 몸이 보내는 신호를 알아차리면, 감정이 커지기 전에 대응할 수 있다. 그 신호를 알면 감정이 폭발하기 전에 멈출 수 있다.

감정을 다스리는 진정한 의미는 감정을 억압하거나 무시하는 것이 아니다. 오히려 감정을 온전히 인정하고 받아들이면서도, 그 감정이 우리의 행동을 결정하도록 내버려두지 않는 것이다. 이것은 감정과 행동 사이에 '선택'이라는 공간을 만드는 것이다. 두려움을 느끼는 것 자체는 문제가 아니다. 문제는 그 두려움 때문에 시도조차 하지 않는 것이다. 감정을 느끼되 감정에 휘둘리지 않는 것, 이것이 바로 감정의 주인이 되는 것이다. 우리가 감정의 노예에서 벗어나 주인이 될 때, 비로소 후회 없는 하루를 살 수 있다. 감정은 우리 삶의 색채를 더해주는 소중한 것이다. 하지만 그 감정이 우리 삶을 지배하도록 내버려두어서는 안 된다. 우리가 감정의 주인이 되어야 감정도 제 역할을 다할 수 있다.

감정은 우리에게 끊임없이 말을 건다. 불안은 '준비해'라고 하고, 두려움은 '조심해'라고 하고, 슬픔은 '이게 네가 소중히 여기는 거야'라고 말한다. 문제는 감정이 아니다. 그 감정이 시키는 대로 바로 움직이는 것이 문제다. 감정은 우리에게 무언가를 알려주는 신호일 뿐, 복종해야 할 명령이 아니다. 신호를 읽되, 어떻게 반응할지는 자기 자신이 정한다. 이 한 가지만 기억해도 우리는 훨씬 덜 후회하는 하루를 살 수 있다.

"감정이 나를 움직이는 게 아니라,

내가 감정을 읽는 것.

그 차이가 후회 없는 하루를 만든다."

두려워할수록 두려운 일이 일어난다

"필요한 것보다 일찍 고통받는 자는 필요한 것보다 더 많이 고통받는다."

— 세네카, 『루킬리우스에게 보내는 도덕 편지』 제13서

1929년 대공황 무렵, 미국에서는 이상한 일이 벌어졌다. 몇몇 은행이 위험하다는 소문이 돌기 시작하자 사람들은 두려워졌다. 내 돈이 사라지면 어떡하지? 한 사람이 은행으로 달려가 예금을 찾았다. 곧 이 모습을 본 이웃들과 시민들이 줄줄이 따라갔다. 소문은 공포가 되었고, 공포는 전염병처럼 퍼졌다. 수천 명이 은행 앞에 줄을 섰다. 그리고 정말로 은행들이 무너졌다. 결국 일부 은행은 한꺼번에 몰린 인출 요구를 감당하지 못하고 파산했다. 사람들이 두려워했기 때문에 두려워했던 일이 현실이 되었다.

우리는 매일 크고 작은 두려움들과 마주하며 살아간다.

실패에 대한 두려움, 거절당할 두려움, 변화에 대한 두려움, 외로움에 대한 두려움. 이러한 두려움들이 단순한 감정에 그치지 않고 실제로 우리 삶을 지배하며, 때로는 우리가 가장 두려워하는 상황을 스스로 만들어내는 원인이 된다. 1929년의 은행 사태처럼 두려움 자체가 파국을 불러오는 것이다.

이것을 심리학에서는 '자기실현적 예언'이라고 부른다. 두려움이 생각을 지배하고, 생각이 행동을 바꾸고, 행동이 결과를 만들어내는 현상이다. 프레젠테이션에서 실수할까 봐 두려워하는 사람은 그 두려움 때문에 떨리고 말을 더듬게 되어 실제로 실수를 한다. 사람들이 나를 싫어할까 봐 두려워하는 사람은 그 두려움 때문에 움츠러들고 방어적으로 행동하여 실제로 거리감을 준다. 사업이 실패할까 봐 두려워하는 사람은 그 두려움 때문에 결정을 미루다가 정말로 기회를 놓친다. 두려움이 예언이 되고, 예언이 행동이 되고, 행동이 현실이 된다. 이 악순환을 이해하는 것이 용기를 기르는 첫 번째 단계다. 우리는 두려움 자체가 아니라 두려움에 대한 우리의 반응을 바꿔야 한다.

그렇다면 두려움에 어떻게 맞설 수 있을까? 가장 효과적인 방법은 작은 것부터 부딪혀보는 것이다. '점진적 노출'이라고 부르는 이 방법은, 두려운 상황을 피하지 않고 조금씩 마주 보며 그 상황에 익숙해지는 과정에서 두려움을 줄여 나가는 것이다. 사람들 앞에서 말하는 것이 두렵다면, 먼저 거울 앞에서 혼자 연습해보고, 다음에는 가족 앞에서, 그다음에는 친구들 앞에서, 마지막에는 더 큰 무대에서 연습하는 식으로 단계를 밟아나가는 것이다. 이런 과정을 통해 우리는 두려운 상황이 실제로는 우리가 생각했던 것만큼 위험하지 않다는 것을 발견하게 된다. 더 중요한 것은 우리 자신이 어려운 상황을 충분히 헤쳐나갈 수 있는 사람이라는 것을 알게 된다는 점이다. 용기는 두려움이 없는 상태가 아니다. 두려움에도 불구하고 한 발 내딛는 것이 용기다.

실패에 대한 두려움은 현대인이 가장 보편적으로 안고 사는 감정이다. 우리는 완벽해야 한다는 압박감 속에서 살아가며, 실패를 능력 부족의 증거로 받아들이도록 학습되어 왔다. 하지만 역사상 가장 위대한 성취들은 모두 수많은 실패 위에 세워졌다. 에이브러햄 링컨은 사업 실패, 신경쇠약, 연이은 선거 패배를 겪었다. 스물세 살에 사업이 망했고, 스물여섯에 약혼녀를 잃었고, 서른한 살에 연방 하원 선거에서 졌다. 이

후로도 다섯 번이나 선거에서 떨어졌다. 그리고 쉰두 살에 미국 대통령이 되었다. 실패는 끝이 아니라 배움의 과정이다. 실패에 대한 두려움을 극복하는 가장 좋은 방법은 실패를 바라보는 관점을 바꾸는 것이다. 실패를 끝이 아니라 피드백으로, 좌절이 아니라 방향 수정의 기회로 보는 것이다. 이런 관점의 전환은 우리를 실패의 두려움에서 해방시키고, 더 과감한 도전을 가능하게 만든다.

안전지대에 머무르는 것은 편안하지만, 그 편안함이 오히려 문제가 된다. 우리가 이미 익숙하고 잘할 수 있는 일만 계속한다면, 새로운 능력을 개발하거나 더 큰 가능성을 발견할 기회를 놓치게 된다. 이것을 '편안함의 역설'이라고 부른다. 편안함을 추구하는 것이 장기적으로는 더 큰 불안과 불만족을 가져온다는 뜻이다. 변화하는 세상에서 같은 자리에 머무르는 것은 결국 뒤처지는 것과 같기 때문이다. 새로운 기술이 나타나고, 사회가 변화하고, 사람들의 요구가 달라지는 상황에서 과거의 방식에만 의존한다면 결국 도태될 수밖에 없다. 세네카는 "살아간다는 것은 싸우는 것이다."라고 말했다. 새로운 도전을 피하고 안전한 곳에만 머무는 것은 살아가는 것이 아니라 숨어 있는 것에 가깝다. 모험정신은 이런 변화에 적응하고 오히려 앞서나가기 위해 반드시 필요한 자질이다. 모험정신이라고 해서 무모한 도전을 의미하는 것은 아니다. 신중하게 계획하되 과감하게 실행하고, 실패할 가능성을 인정하되 그것을 두려워하지 않는 균형 잡힌 접근법이다. 진정한 모험정신은 두려움을 인정하면서도 그것에 굴복하지 않는 정신적 강인함에서 나온다.

놀랍게도 두려움 자체를 에너지로 활용할 수 있다. 두려움은 우리 몸의 자연스러운 반응으로, 아드레날린을 분비하여 집중력과 각성 수준을 높인다. 문제는 이 에너지를 어떻게 쓰느냐에 있다. 같은 긴장감이라도 '망하면 어떡하지'라고 생각하면 몸이 굳고, '이건 중요한 일이니까 집중하자'라고 생각하면 몸이 반응한다. 스포츠 선수들이 경기 전 긴장감을 최고의 퍼포먼스를 위한 동력으로 활용하는 것처럼, 우리도 두려움의 에너지를 건설적으로 쓸 수 있다. 두려움을 느꼈을 때, 이렇게 해석을 바꿔보자. '이것은 내가 중요하게 여기는 일이라는 신호다.' '이것은 내가 성장할 기회라는 뜻이다.' 두려움을 적으로 보지 않고 신호로 받아들일 때, 그 에너지는 우리 편이 된다.

두려움을 완전히 없애려고 하는 것은 잘못된 목표다. 두려움은 인간의 자연스러운 감정이며, 때로는 실제 위험으로부터 우리를 보호하는 역할을 한다. 문제는 두려움이 과도하게 커져서 삶을 지배하는 것이다. 건강한 두려움은 우리를 더 신중하게 만들고, 더 철저하게 준비하게 만든다. 병적인 두려움은 우리를 마비시키고, 기회를 놓치게 만든다. 중요한 것은 두려움과 건강한 관계를 맺기 위해서 두려움을 인정하되 그것에 압도되지 않는 능력을 기르는 것이다. 두려운 감정이 올라올 때 그것을 밀어내려 하지 말고, 있는 그대로 받아들이면서도 그 감정이 우리의 행동을 결정하지는 않게 하자. '지금 두렵구나.'라고 인정하는 순간, 두려움은 힘을 잃기 시작한다.

용기는 근육과 같아서 사용할수록 강해진다. 작은 두려움에 맞서는 경험들이 쌓이면서 우리는 점점 더 큰 두려움에도 맞설 수 있게 된다. 처음에는 낯선 사람에게 말 거는 것도 어려웠지만, 그런 경험들이 쌓이면 나중에는 수백 명 앞에서도 말할 수 있게 된다. 처음에는 작은 제안도 두려웠지만, 그런 도전들을 통해 더 큰 협상도 할 수 있게 된다. 중요한 것은 완벽한 용기를 기다리지 말고 지금 가진 용기부터 사용하기 시작해야 한다. 용기는 행동을 통해서만 자란다. 아무리 용기에 대해 많이 읽고 생각해도, 실제로 두려운 상황에 맞서보지 않으면 진짜 용기를 기를 수 없다. 매일 조금씩이라도 편안한 영역을 벗어나는 작은 도전들을 만들어보자. 그 작은 것들이 쌓여서 큰 변화가 된다.

현대인의 두려움은 과거와 다른 양상을 띤다. 과거에는 주로 생존과 직결된 물리적 위험을 두려워했다면, 현대인들은 심리적, 사회적 위험을 두려워한다. 사회적 거절, 경제적 불안정, 미래에 대한 불확실성, 타인의 평가. 이런 두려움들은 실체가 모호해서 오히려 더 다루기 어렵다. 하지만 본질은 같다. 이런 심리적 두려움들도 대부분 과장되어 있으며, 실제로 일어날 가능성은 낮고, 설령 일어나더라도 우리가 생각하는 것만큼 치명적이지 않다. 그리고 중요한 것은 피하면 피할수록 더 커진다는 점이다. 사회적 거절이 두려워서 사람들을 피하면 더 외로워지고, 실패가 두려워서 도전을 피하면 성장 기회를 놓친다. 두려움에서 도망치면 두려움이 쫓아온다.

두려움을 다루는 법을 아는 사람들을 관찰해보면 흥미로운 공통점이 있다. 그들은 두려움이 없는 사람들이 아니라 두려움과 함께 사는 법을 아는 사람들이다. 그들은 두려움을 부정하거나 숨기지 않고, 오히려 인정하고 받아들인다. 새로운 기회 앞에서 두려움을 느끼면 '이건 내가 성장할 수 있는 좋은 기회구나'라고 생각한다. 어려운 도전 앞에서 두려움을 느끼면 '이건 내가 진정으로 원하는 것이구나'라고 해석한다. 또한 그들은 혼자 싸우지 않는다. 신뢰할 수 있는 사람들의 지지를 구하고, 멘토의 조언을 듣고, 필요하면 전문가의 도움을 받는다. 용기는 혼자만의 결단이 아니다. 함께 만들어가는 용기도 있다.

두려움과 용기의 관계에서 반드시 기억해야 할 것이 있다. 이것은 한 번의 승부가 아니라는 점이다. 한 번 두려움을 극복했다고 해서 앞으로 두려움을 느끼지 않게 되는 것은 아니다. 새로운 상황, 새로운 도전 앞에서는 다시 두려움이 찾아온다. 이것은 자연스러운 일이다. 중요한 것은 그때마다 다시 용기를 선택하는 것이다. 용기는 한 번 얻으면 영원히 지속되는 것이 아니라 매 순간 선택하고 실천해야 하는 것이다. 때로는 후퇴하기도 하고, 때로는 두려움에 굴복하기도 할 것이다. 그것도 자연스러운 과정의 일부다. 중요한 것은 그런 순간을 자신을 비난하는 근거로 삼지 않고, 다시 일어서는 연습으로 활용하는 것이다. 용기 있는 삶은 넘어지지 않는 삶이 아니라 넘어져도 다시 일어서는 삶이다.

우리가 두려워하는 것들이 실제로 우리 삶에 나타나는 이유는 두려움 그 자체에 있다. 두려움이 우리의 사고와 행동을 지배할 때, 우리는 스스로 두려워했던 상황을 만들어낸다. 하지만 용기를 통해 두려움에 맞설 때, 이 악순환을 끊을 수 있다. 용기는 두려움의 부재가 아니라 두려움에도 불구하고 한 발 내딛는 것이다. 용기는 완벽함이 아니라 불완전함을 받아들이면서도 계속 전진하는 의지다. 용기는 확신이 아니라 불확실함 속에서도 최선의 판단에 따라 행동하는 지혜다. 자신에게 물어보자. 지금 무엇이 두려운가? 그 두려움이 삶을 어떻게 제한하고 있는가? 정말로 원하는 삶을 위해 어떤 두려움과 마주해야 하는가? 두려움은 우리가 중요하게 여기는 것이 무엇인지 알려주는 나침반이다. 두려움이 가리키는 방향으로 한 발 내디뎌보자. 그곳에 성장이 있다.

"용기는 완벽함이 아니라
불완전함을 받아들이면서도 계속 전진하는 의지다."

더 많이 가져서가 아니라, 가진 것을 알아서 풍요롭다

"감사하는 마음을 가진 사람은 늘 은혜 속에 있다."

— 세네카, 『은혜에 관하여』

2020년, 코로나로 모든 것이 멈췄을 때 사람들은 이상한 경험을 했다. 카페에 앉아 커피를 마시는 것, 친구를 만나 밥을 먹는 것, 마스크 없이 거리를 걷는 것, 평생 당연하게 여겼던 것들이 갑자기 그리워졌다. 당연한 것은 없었다는 것을 그제야 알았다. 아침에 눈을 뜨는 것, 건강한 몸으로 출근하는 것, 가족과 저녁을 먹는 것. 모두 당연하다고 생각했는데, 사실은 감사해야 할 것들이었다. 가진 자가 가난한 게 아니라 더 많이 원하는 자가 가난하다. 반대로, 가진 것을 아는 사람은 이미 부자다. 감사하는 마음이야말로 삶을 풍요롭게 만드는 가장 확실한 방법이다.

문제는 잃기 전에는 가진 것이 보이지 않는다는 것이다. 건강할 때는 건강의 소중함을 모르고, 가족이 곁에 있을 때는 그 존재를 당연하게 여긴다. 매일 출근할 직장이 있다는 것, 마음 놓고 물을 마실 수 있다는 것, 밤에 안전하게 잠들 수 있다는 것, 이런 것들이 얼마나 큰 축복인지 평소에는 느끼지 못한다. 대신 없는 것만 눈에 들어온다. 더 큰 집, 더 좋은 차, 더 높은 연봉. 가진 것은 보이지 않고, 없는 것만 선명하게 보이는 것이다. 하지만 이런 추구는 끝이 없다. 한 가지 목표를 달성하면 곧바로 다음 목표가 나타나고, 우리는 영원히 만족하지 못하는 상태에 머물게 된다. 세네카가 말하는 감사의 마음은 이 악순환을 끊어주는 힘이 있다.

감사는 "고맙습니다"라고 말하는 것과 다르다. 진정한 감사는 우리의 시선을 완전히 바꾸어 놓는 관점의 전환이다. 같은 상황도 어떤 눈으로 보느냐에 따라 완전히 달라진다. 월급날을 예로 들어보자. 어떤 사람은 통장에 찍힌 숫자를 보며 '겨우 이것밖에 안 되나'라고 생각한다. 다른 사람은 '이번 달도 무사히 일할 수 있었구나'라고 생각한다. 받은 금액은 같다. 하지만 한 사람은 불만족스럽고, 한 사람은 감사하다. 같은 현실이지만 완전히 다른 경험이 된다. 감사는 결핍이 아니라 충만함에 초점을 맞추게 해준다.

우리 뇌는 부정적인 것에 더 민감하게 반응하도록 만들어져 있다. 위험을 빠르게 감지해야 살아남을 수 있었던 시절의 흔적이다. 좋은 일 열 개보다 나쁜 일 하나가 더 강하게 기억에 남고, 받은 도움보다 받지 못한 도움에 더 신경을 쓴다. 감사하는 마음을 의식적으로 기르는 것은 이런 뇌의 자동적 반응을 바꾸는 훈련이다. 매일 감사할 일들을 찾고 인식하는 연습을 통해 우리는 점차 긍정적인 것들에 더 민감해지고, 삶의 좋은 순간들을 놓치지 않게 된다. 이는 억지로 좋게 생각하는 것이 아니라 현실을 더 균형 있게 보는 능력을 기르는 것이다.

감사의 힘은 개인의 내면뿐만 아니라 인간관계에서도 놀라운 변화를 만들어낸다. 다른 사람에게 진심으로 감사를 표현할 때, 우리는 그 사람의 존재와 행동에 가치를 부여하는 것이다. 상대방은 자신이 중요한 존재임을 느끼게 되고, 더 나은 행동을 하도록 동기를 얻는다. 반대로 당연하게 여기고 감사를 표현하지 않으면 상대방은 자신의 노력이 인정받지 못한다고 느끼며 점차 거리를 두게 된다. 부부관계에서 흔히 볼 수 있는 일이다. 처음에는 서로의 작은 배려에도 감사했지만, 시간이 지나면서 모든 것을 당연하게 여기기 시작한다. 남편이 설거지를 해도, 아내가 저녁을 준비해도 감사의 표현이 사라진다. 그러면 관계는 메마르기 시작하고, 서로에 대한 원망만 쌓여간다. 하지만 감사를 다시 표현하기 시작하면 관계는 놀랍도록 회복된다. 직장에서도 감사의 힘은 분명하게 드러난다. 상사가 부하직원의 노고를 인정하고 감사를 표현할 때, 그 직원은 더 큰 동기를 얻고 창의적인 아이디어를 낸다. 동료 간에 서로 도움을 주고받으면서 감사를 표현할 때, 팀워크는 향상되고 업무 효율성도 높아진다. 반면 누구도 감사하지 않는 조직에서는 사람들이 최소한의 일만 하려고 한다.

가장 어려운 것은 힘든 상황에서도 감사할 요소를 찾는 것이다. 오해하지 말자. 고통 자체에 감사하라는 말이 아니다. 아픔은 아픈 것이다. 다만 그 안에서도 감사할 수 있는 것들이 있다는 뜻이다. 질병에 걸렸을 때, 고통스럽지만 곁에서 돌봐주는 사람이 있다는 것을 알게 된다. 이별을 경험했을 때, 상처받지만 동시에 그 관계를 통해 성장했음을 인정할 수 있다. 고통이 나를 시험할 때, 나는 내가 가진 것을 더 선명하게 보게 된다. 세네카도 유배지에서 오히려 진짜 가진 것이 더 선명하게 보였다. 글을 쓸 수 있는 능력, 생각할 수 있는 자유, 그리고 멀리서도 자신을 걱정해주는 사람들. 역경은 가진 것의 가치를 깨닫게 하는 렌즈가 되기도 한다.

물론 그럼에도 감사하기 어려운 순간들이 있다. 깊은 상처를 받았을 때, 불의를 당했을 때, 사랑하는 사람을 잃었을 때는 감사할 마음이 전혀 들지 않는 것이 자연스럽다. 그럴 때는 억지로 감사하려고 하지 않아도 된다. 시간이 주는 치유의 힘을 믿고 기다리면 된다. 상처가 아물고 나면 그 경험마저도 우리를 더 깊이 있는 사람으로 만들어준 자산임을 깨닫게 된다. 고통 속에서도 우리를 사랑해준 사람들의 존재, 어려움을 견뎌낸 자신의 강인함, 그리고 그 과정에서 배운 교훈들에 대해 감사할 수 있게 된다. 이는 시간이 걸리는 과정이다. 자신에게 인내심을 갖고 기다려주는 것도 중요하다.

감사하는 습관은 처음에는 어색하고 인위적으로 느껴질 수 있지만, 꾸준히 연습하면 자연스러운 반응이 된다. 매일 밤 잠자리에 들기 전 그날 감사했던 세 가지를 떠올려보자. 사소한 것이라도 괜찮다. 오늘 점심이 맛있었다는 것, 퇴근길에 비를 피했다는 것, 아이가 웃으며 반겨주었다는 것. 중요한 것은 일의 크기가 아니라 그것을 인식하는 마음이다. 처음에는 세 가지 찾기도 어려울 수 있다. 하지만 일주일만 해보면 달라진다. 낮 동안 무의식적으로 '이건 오늘 밤 감사 목록에 넣어야지'라고 생각하는 자신을 발견하게 된다. 그때부터 세상이 다르게 보이기 시작한다.

감사는 또한 우리를 겸손하게 만든다. 우리가 이룬 모든 성취가 오직 자신의 노력만으로 가능했다고 생각하는 것은 착각이다. 부모님의 헌신, 선생님들의 가르침, 친구들의 격려, 사회의 인프라, 심지어 우연한 기회들까지 모든 것이 복합적으로 작용해서 오늘의 우리가 만들어졌다. 이를 인정하고 감사할 때, 우리는 자만에 빠지지 않고 계속해서 성장할 수 있다. 동시에 다른 사람들에게도 베풀고 싶은 마음이 생긴다. 받은 것을 헤아릴 줄 아는 사람은 나누고 싶어 한다. 이렇게 감사는 개인 차원을 넘어 선순환을 만들어내는 힘이 된다.

감사의 마음은 우리의 시선을 지금 여기로 돌려준다. 과거의 실수를 후회하거나 미래의 불확실성을 걱정할 때, 우리는 지금 이 순간의 소중함을 놓치게 된다. 그런데 감사할 것을 찾으려면 지금 내 앞에 무엇이 있는지 봐야 한다. 지금 마시고 있는 차의 향기, 창밖으로 보이는 하늘, 옆에서 들려오는 가족의 웃음소리 같은 것들 말이다. 감사는 자연스럽게 현재로 우리를 데려온다. 과거나 미래에 머물면서 동시에 감사하기는 어렵기 때문이다. 감사하는 마음으로 현재를 살아갈 때, 우리는 진정으로 풍요로운 삶을 경험하게 된다. 많이 가져서가 아니라 가진 것의 가치를 아는 것, 이것이 세네카가 말하는 감사의 진정한 힘이다.

마지막으로 감사는 평범한 일상에 의미를 부여한다. 공허하게 느껴지는 일상도 감사의 렌즈를 통해 보면 특별해진다. 똑같은 하루가 반복되는 것 같아도, 감사의 눈으로 보면 매일이 다르다. 매일 반복되는 출퇴근길도 안전하게 이동할 수 있는 교통수단이 있음에 감사할 수 있고, 단조로운 업무도 나를 필요로 하는 곳이 있음에 감사할 수 있다. 이렇게 일상의 평범한 순간들에서 의미를 찾을 때, 우리의 삶은 더 이상 견뎌내야 할 무게가 아니라 감사히 받아들일 선물이 된다. 세네카는 이런 변화야말로 진정한 성취라고 여겼다. 외부 조건이 바뀌지 않아도 내면의 관점이 바뀌면 완전히 다른 삶을 살게 되기 때문이다. 연봉이 오르지 않아도, 집이 넓어지지 않아도,

감사하는 눈을 가진 사람은 이미 풍요로운 삶을 살고 있다. 감사는 우리가 가진 것을 더 많이 보게 하고, 부족한 것을 덜 의식하게 만든다.

오늘부터 감사하는 마음을 의식적으로 기르기 시작해보자. 지금 이 글을 읽을 수 있는 건강한 눈이 있음에, 배움의 기회가 있음에, 더 나은 삶을 추구하려는 의지가 있음에 감사해보자. 세네카의 말대로, 감사하는 마음을 가진 사람은 늘 은혜 속에 있으며, 감사할 줄 아는 마음만큼 인생을 풍요롭게 하는 것은 없다. 잃기 전에 가진 것을 보는 사람, 그가 진짜 부자다.

"감사하는 눈을 가진 사람은
이미 풍요로운 삶을 살고 있다.
감사는 우리가 가진 것을 더 많이 보게 하고,
부족한 것을 덜 의식하게 만든다."

혼자 있을 수 있는 사람이 누구와도 함께할 수 있다

"나는 나 자신의 친구가 되기 시작했다.
그것은 정말 큰 혜택이다.
그런 사람은 결코 외롭지 않다."

— 세네카, 『루킬리우스에게 보내는 도덕 편지』 제6서

카페에서 혼자 앉아 있는 게 민망해서 괜히 스마트폰을 들여다보고, 엘리베이터에서 아는 사람과 둘만 남게 되면 어색해서 거울 속 자기 모습을 확인하는 사람들. 우리는 '혼자'를 유난히 불편해한다. 스마트폰을 손에서 놓지 못하는 이유도, SNS를 끊임없이 확인하는 이유도, 의미 없는 약속들로 일정을 가득 채우는 이유도 결국 혼자 있는 시간을 견디지 못하기 때문이다. 그런데 이 두려움은 어디서 오는 걸까? 세네카는 그것이 자기 자신과의 관계에서 오는 문제라고 지적했다. 혼자 있기를 두려워한다는 것은 자신과 함께 있는 시간이 불편하고 괴롭다는 의미이며, 결국 자신과 좋은 관계를 맺지 못하고 있다는 신호라는 것이다. 진정한 성숙함은 혼자 있는 시간을 두려워하지 않고, 오히려 그 시간을 통해 자신을 더 깊이 알아가는 능력에서 시작된다. 혼자 있는 것이 두렵다면, 그건 자신과 친해지지 못했다는 신호일지 모른다.

현대 사회에서 고독과 외로움은 종종 같은 의미로 사용되지만, 이 둘 사이에는 근본적인 차이가 있다. 외로움은 타인과의 연결이 끊어졌을 때 느끼는 결핍감이며, 불안과 공허함을 동반한다. 반면 고독은 의도적으로 선택한 홀로 있는 상태로, 자신과 깊이 만나는 소중한 기회다. 외로움이 밖을 향한 갈망이라면, 고독은 안을 향한 탐험이다. 외로운 사람은 시간이 길게 느껴지고 무엇인가 채워야 할 공간이 있다고 생각하지만, 고독을 즐기는 사람은 그 시간이 얼마나 빨리 지나가는지 놀라며 오히려 더 많은 혼자만의 시간을 갈구한다. 이 차이를 이해하는 것은 자신과의 관계를 재정의하는 첫 번째 단계다. 지금 혼자 있을 때 어떤 감정이 드는가? 불안한가, 아니면 편안한가?

혼자만의 시간이 가져다주는 자기 성찰의 깊이는 그 어떤 외부 활동으로도 대체할 수 없다. 타인과 함께 있을 때 우리는 무의식적으로 사회적 역할을 수행하고, 기대에 부응하려 노력하며, 때로는 진짜 자신을 숨기기도 한다. 하지만 완전히 혼자 있을 때만 우리는 가면을 벗고 있는 그대로의 자신과 마주할 수 있다. 이 시간에 우리는 자신의 진짜 욕망이 무엇인지, 어떤 것을 진정으로 두려워하는지, 무엇을 위해 살고 있는지를 발견한다. 고독한 시간은 내면의 목소리에 귀 기울일 수 있는 유일한 기회이며, 자신의 가치관과 신념을 점검하고 다듬어나가는 소중한 작업실이다. 세상의 소음에 가려져 들리지 않던 내면의 지혜가 고요함 속에서 비로소 선명하게 들려온다.

현대인들은 끊임없는 외부 자극 속에서 살아간다. 스마트폰 알림, SNS의 무한 스크롤, 스트리밍 서비스의 자동 재생, 각종 뉴스와 정보 속에서 우리의 뇌는 잠시도 쉴 틈이 없다. 이러한 환경에서 내적 고요함을 찾는 것은 점점 어려워지고 있지만, 그렇기 때문에 더욱 절실히 필요하다. 외부 자극에서 벗어난 조용한 시간은 우리의 정신이 재정비될 수 있는 필수적인 휴식이다. 마치 몸이 수면을 통해 회복되듯이, 마음도 고요함을 통해 진정한 평화를 얻는다. 이 평화로운 상태에서만 우리는 진정으로 창조적인 사고를 할 수 있고, 깊은 통찰을 얻을 수 있으며, 삶의 본질적인 질문들에 대한 답을 찾을 수 있다. 내적 고요함은 단지 조용한 환경을 말하는 것이 아니다. 소음과 일상이 계속되어도 중심이 흔들리지 않는 마음의 상태다. 이런 고요함은 저절로 생기지 않고, 잠시 멈춰 서서 나를 돌아보려는 의식적인 선택에서 자란다. 마지막으로 마음이 온전히 잔잔했다고 느낀 순간이 언제였는지, 한번 떠올려 보자.

자신과의 대화는 인생에서 가장 중요하지만 가장 소홀히 여겨지는 관계다. 우리는 타인과의 대화에는 많은 시간과 에너지를 투자하면서도, 정작 자신과 진솔한 대화를 나누는 시간은 거의 갖지 않는다. 자신과의 대화란 내면의 다양한 목소리들을 듣고, 그것들과 대화하며, 자신의 진정한 욕구와 가치관을 탐구하는 과정이다. 이 과정에서 우리는 때로 불편한 진실과 마주하게 되고, 인정하고 싶지 않은 자신의 모습을 발견하기도 한다. 하지만 이러한 솔직함 없이는 진정한 자아 발견은 불가능하다. 세네카가 말했듯이, 자신과 친구가 된 사람은 모든 인류의 친구가 된다. 자신을 잘 아는 사람만이 타인도 제대로 이해할 수 있고, 자신과 좋은 관계를 맺은 사람만이 타인과도 건강한 관계를 형성할 수 있다.

고독을 즐길 줄 아는 능력은 성숙한 인격의 중요한 지표다. 어린아이는 혼자 놀이를 하지만, 진정한 고독의 의미는 이해하지 못한다. 청소년기에는 또래와의 관계가 무엇보다 중요하며, 혼자 있는 것을 수치스러워하기도 한다. 하지만 성숙한 어른이 되면서 우리는 고독의 가치를 깨닫기 시작한다. 고독을 즐기는 사람은 타인에게 의존적이지 않으면서도 관계를 소중히 여긴다. 그들은 외로움을 달래기 위해 무의미한 관계에 매달리지 않고, 진정으로 의미 있는 관계만을 선택한다. 이러한 선택적 사교는 결과적으로 더 깊고 만족스러운 인간관계를 만들어낸다. 고독을 즐기는 사람들은 또한 자신만의 취미와 관심사를 개발하며, 이를 통해 삶의 풍요로움을 더욱 깊이 체험한다. 그들은 누군가의 승인이나 인정 없이도 자신의 가치를 확신하며, 이러한 내적 확신은 모든 영역에서의 자신감으로 이어진다.

단순히 혼자 있는 것과 고독을 제대로 쓰는 것은 완전히 다른 이야기다. 처음부터 긴 시간을 혼자 보내려고 하면 오히려 불안하고 조바심이 날 수 있다. 15분 정도의 조용한 시간부터 시작해보자. 그것이 익숙해지면 30분, 1시간으로 천천히 늘려가면 된다. 의미 있는 고독을 위해서는 디지털 기기와 거리를 두는 것이 필요하다. 스마트폰은 다른 방에 두고, 알림도 꺼두자. 온전히 나에게만 집중하는 시간이다. 일기를 쓰며 하루를 돌아보거나, 책을 읽으며 새로운 생각을 만나거나, 그냥 멍하니 앉아 떠오르는 생각들을 따라가 보는 것도 좋다. 때로는 창밖을 바라보며 아무것도 하지 않는 시간이 가장 깊은 휴식이 되기도 한다. 중요한 것은 이 시간을 의도적으로 선택하고, 그 가치를 인정하는 것이다. 고독은 처벌이나 의무가 아니라 자신에게 주는 선물이다. 혼자 있는 시간이 지루하거나 불편하다면, 그것은 아직 나 자신과 충분히 친해지지 않았다는 신호다. 새로운 친구와 관계를 쌓아나가듯이, 나와의 관계에도 시간과 노력이 필요하다. 내가 뭘 좋아하는지, 어떤 생각을 하는지, 천천히 알아가다 보면 우리는 자신이 얼마나 흥미롭고 가치 있는 존재인지를 깨닫게 된다.

현대 사회에서 고독의 가치가 더욱 중요해지는 이유는 우리가 직면한 복잡성과 선택의 다양성 때문이다. 과거보다 훨씬 많은 정보와 선택지가 주어진 환경에서 명확히 자신에게 맞는 길을 찾기 위해서는 깊은 성찰이 필요하다. 타인의 의견이나 사회적 기대에 따라 결정을 내리는 것은 쉽지만, 장기적으로는 후회와 불만족을 가져올 수 있다. 고독한 시간을 통해 자신의 진정한 욕구와 가치관을 파악한 사람은 더 현명하고 만족스러운 선택을 할 수 있다. 또한 급변하는 사회에서 일어나는 스트레스와 압박을 감당하기 위해서도 내적 안정성이 필요하며, 이는 고독 속에서 길러지는 힘이다. 혼자 있는 시간을 두려워하지 않는 사람은 어떤 환경에서도 내적 평화를 유지할 수 있으며, 이는 진정한 자유의 출발점이다.

혼자 있는 시간을 잘 보내는 사람은 함께 있는 시간도 잘 보낸다. 자신과 좋은 관계를 맺은 사람은 타인과의 관계에서도 더욱 건강하고 균형 잡힌 모습을 보인다. 그들은 관계에서 과도하게 의존하지도, 지나치게 거리를 두지도 않는다. 고독을 통해 자신의 감정을 다스릴 줄 아는 사람은 갈등 상황에서도 침착함을 유지하며 현명한 해결책을 찾을 수 있다. 또한 자신의 가치와 정체성이 확립된 사람은 타인의 인정에 목마르지 않기 때문에, 꾸미지 않아도 되는 편안한 관계를 만들어갈 수 있다. 고독 속에서 쌓아온 생각의 깊이는 대화에서도 더 흥미로운 이야깃거리가 된다. 결과적으로 고독을 즐길 줄 아는 사람 주변에는 서로에게 에너지를 주는 관계들이 모이게 되고, 이러한 관계들은 서로에게 더 큰 만족과 성장을 가져다준다.

고독 속에서 발견되는 창조력과 새로운 생각은 개인적 성장뿐만 아니라 세상에 기여하는 힘이 되기도 한다. 역사상 위대한 발견과 예술 작품들의 상당수는 고독한 순간에 탄생했다. 뉴턴은 전염병을 피해 고향에 틀어박혀 있던 2년간 만유인력의 법칙을 발견했고, 카프카는 밤마다 홀로 글을 쓰며 문학사에 남을 작품들을 완성했다. 집중적인 사고와 깊은 성찰이 가능한 고독한 환경에서만 익숙한 것들을 새롭게 볼 수 있는 눈이 열리기 때문이다. 이러한 창조력은 예술가나 작가에게만 필요한 것이 아니다. 일상에서 마주하는 크고 작은 문제들을 해결하는 데에도 창조적 사고가 필요하며, 이는 고독한 성찰을 통해 길러진다. 고독 속에서 기른 나만의 시선은 직장에서, 가정에서, 사회에서 나를 대체 불가능한 사람으로 만들어준다. 남들과 다른 관점을 제시하고, 새로운 해결책을 찾아내며, 혁신적인 아이디어를 실현할 수 있는 능력. 이 모든 것은 고독이라는 실험실에서 탄생한다.

세네카가 말한 '자기 자신과 좋은 동반자가 되는 것'의 진정한 의미는 자신을 가장 신뢰할 수 있는 친구로 만드는 것이다. 그렇다면 자기 자신의 친구가 된다는 건 구체적으로 어떤 모습일까? 좋은 친구란 어떤 존재인가? 진실을 말해주면서도 상처 주지 않는 방법을 알고, 실수했을 때 용서해주면서도 성장할 수 있도록 격려하며, 힘든 시기에 곁에 있어주면서도 독립성을 존중해주는 존재다. 자신과 좋은 친구가 된다는 것은 바로 이런 태도로 자신을 대하는 것을 의미한다. 자신에게 너무 가혹하지도, 너무 관대하지도 않으면서 균형을 유지하는 것이다. 자신의 약점을 인정하되 그것 때문에 자책하지 않고, 자신의 장점을 인식하되 교만하지 않는 것이다. 이러한 건강한 자기 관계는 어떤 상황에서도 쉽게 무너지지 않는 단단한 바닥이 되어준다. 진정한 자존감은 타인의 인정에서 오는 것이 아니라 이러한 건강한 자기 관계에서 나오는 것이다.

고독을 두려워하지 않게 되었을 때 얻게 되는 자유는 생각보다 크다. 타인의 시선이나 평가에 의존하지 않고 자신의 길을 걸을 수 있는 자유, 다른 사람의 기분을 맞춰주기 위해 자신을 속이지 않아도 되는 자유, 진정으로 원하는 것과 그렇지 않은 것을 구분할 수 있는 자유를 얻게 된다. 이러한 자유는 책임을 동반한다. 자신의 선택에 대해 남을 탓하지 않고 온전히 책임을 질 수 있어야 하며, 자신의 가치관에 따라 일관성 있게 행동할 수 있어야 한다. 이런 책임감 있는 자유야말로 성숙한 어른이 누릴 수 있는 가장 값진 것이다. 고독을 통해 얻은 자기 이해는 복잡하고 혼란스러운 세상에서 흔들리지 않는 중심이 되어준다. 외부의 소음에 휘둘리지 않고 자신의 기준대로 살아가는 사람의 삶은 비록 어려움이 있더라도 후회가 적고 만족감이 크다. 자신과 좋은 친구가 된 사람은 혼자여도 외롭지 않고, 함께해도 자신을 잃지 않는다. 그것이 고독이 주는 진짜 선물이다.

"세상에서 가장 오래 함께할 사람은 나 자신이다.
그 사람과 친해지는 시간, 그것이 고독이다."

제3부

관계와 덕성의 철학

: 타인과 더불어 살아가는 지혜

잃고 나서야 사랑하는 사람이 되지 말자 | 누구와 함께하느냐가 누가 되느냐를 결정한다 | 거짓말은 이자가 붙는 빚이다 | 빼앗길 수 없는 것에 투자하라

잃고 나서야 사랑하는 사람이 되지 말자

*"친구들과 함께하는 시간을 탐욕스럽게 누려라.
그 특권이 얼마나 오래 우리 것일지
알 수 없기 때문이다."*

— 세네카, 『루킬리우스에게 보내는 도덕 편지』 제63서

장례식장에서 가장 많이 듣는 후회가 있다. '좀 더 자주 연락할걸', '마지막으로 만났을 때 왜 그렇게 바쁜 척했을까', '한 번만 더 얼굴을 볼 수 있다면'. 누군가를 떠나보낸 사람들은 하나같이 '함께했던 시간'이 아니라 '함께하지 못한 시간'을 떠올리며 괴로워한다. 세네카도 절친한 벗 안나이우스 세레누스를 갑작스럽게 잃었을 때 같은 후회를 했다. 그는 루킬리우스에게 보낸 편지에서 이렇게 썼다. "친구가 살아 있는 동안 우리가 얼마나 많은 시간을 허비했는지 깨달아야 한다. 같은 장소에 함께 있으면서도 얼마나 자주 만나지 않았는지, 먼 여행을 떠날 때 얼마나 자주 그들을 두고 왔는지 생각해 보라.” 이 글은 2천 년이 지난 오늘날에도 여전히 우리 마음을 파고든다. SNS에는 수백 명의 ‘친구’가 있지만, 정작 힘들 때 전화할 수 있는 사람은 몇 명이나 되는가?

현대 사회에서 우리가 관계를 당연하게 여기는 현상은 역설적이게도 풍요로운 환경의 결과다. 언제든지 전화 한 통이면 연락할 수 있고, 메신저를 통해 실시간으로 소통할 수 있다는 편리함이 오히려 관계의 소중함을 무감각하게 만들고 있다. 마치 물이 풍부한 곳에서 사는 사람이 물의 가치를 모르듯이, 우리는 쉽게 닿을 수 있는 관계들을 너무 가볍게 취급하고 있다. 부모님과의 통화를 미루고, 오랜 친구와의 만남을 계속 연기하며, 사랑하는 사람에게 마음을 표현하는 것을 내일로 미루는 일이 우리 일상의 흔한 풍경이 되었다. 세네카는 이런 태도를 날카롭게 비판했다. “친구에게 가장 소홀하게 대하면서 친구를 잃으면 가장 비통하게 슬퍼하고, 잃고 나서야 비로소 사랑하는 사람들을 어떻게 보고 견딜 수 있겠는가?” 관계는 공기와 같아서 있을 때는 그 존재를 의식하지 못하지만, 없으면 생존 자체가 불가능해진다. 그러니 지금 당장 해야 할 일은 이 공기 같은 관계들의 소중함을 의식적으로 인식하고 감사하는 것이 아닐까.

진정한 우정과 피상적인 관계 사이에는 근본적인 차이가 있다. 세네카는 "어떤 사람을 자기 자신만큼 신뢰하지 않으면서 친구라고 부른다면, 당신은 크게 잘못 알고 있으며 진정한 우정이 무엇인지 충분히 이해하지 못한 것이다."라고 말했다. 진정한 우정은 시간의 검증을 거쳐 형성된 깊은 신뢰와 이해를 바탕으로 한다. 이런 관계에서는 서로의 장점뿐만 아니라 단점까지도 받아들이고, 어려운 시기에 함께할 수 있는 용기와 헌신이 존재한다. 반면 피상적인 관계는 상호 이익이나 편의성에 기반해 있으며, 조건이 바뀌면 쉽게 흔들리거나 사라질 수 있다. 소셜 미디어의 '좋아요'나 댓글로 이루어진 교류는 즉각적인 만족감을 주지만, 실제 위기 상황에서는 아무런 도움이 되지 않는다. 진정한 친구는 우리가 성공했을 때 진심으로 기뻐하고, 실패했을 때는 위로와 격려를 아끼지 않으며, 잘못된 선택을 지적할 용기도 가지고 있는 사람이다. 이러한 관계는 하루아침에 만들어지지 않으며, 지속적인 관심과 투자, 그리고 서로에 대한 진정성이 필요하다. 지금 자신의 인간관계를 돌아보며 몇 명의 진정한 친구를 가졌는지 생각해 보자.

친구의 가치를 인식하고 표현하는 것은 기술이자 예술이

다. 많은 사람들이 감사한 마음을 가지고 있으면서도 그것을 적절히 표현하지 못해 관계가 소원해지는 경우가 많다. 세네카는 스토아 철학자 헤카토의 말을 인용했다. "사랑받고 싶다면 먼저 사랑하라." 친구의 소중함을 표현하는 첫 번째 방법은 진심 어린 관심을 보이는 것이다. 그들의 근황을 묻고, 고민을 들어주며, 작은 성취도 함께 축하해주는 것이 진정한 우정의 표현이다. 두 번째는 시간을 투자하는 것이다. 바쁜 일상에서도 의도적으로 시간을 내어 함께 보내고, 깊이 있는 대화를 나누는 것은 관계의 깊이를 더해준다. 세 번째는 어려운 순간에 함께하는 것이다. 친구가 힘들어할 때 곁에 있어주고, 실질적인 도움을 제공하며, 정서적 지지를 아끼지 않는 것이 진정한 우정을 증명하는 방법이다. 네 번째는 솔직한 피드백을 주는 용기다. 진정한 친구라면 상대방이 잘못된 길로 갈 때 따끔한 조언을 할 수 있어야 하며, 그것을 사랑의 표현으로 받아들일 수 있어야 한다. 세네카는 이렇게 조언했다. "친구로 삼기까지는 오래 숙고하되, 일단 친구로 받아들였다면 온 마음과 영혼을 다해 환영하라." 이러한 표현들은 모두 의식적이고 적극적인 노력을 요구하며, 저절로 이루어지기를 기대해서는 안 된다.

깊이 있는 인간관계를 형성하기 위해서는 상당한 시간과 에너지의 투자가 필요하다. 현대 사회의 빠른 속도와 효율성 추구 문화는 우리가 즉석에서 만들어지는 관계를 선호하게 만들지만, 진정한 우정은 마치 와인이 숙성되듯 오랜 시간에 걸쳐 깊어진다. 깊은 관계를 위해서는 먼저 자신을 개방하는 용기가 필요하다. 자신의 취약함과 진정한 모습을 드러내는 것은 위험하지만, 이것 없이는 진정한 친밀감을 형성할 수 없다. 또한 상대방의 이야기를 진심으로 듣는 경청의 기술을 개발해야 한다. 단순히 기다리다가 자신의 말을 하는 것이 아니라, 상대방의 감정과 생각을 이해하려고 노력하는 것이 진정한 경청이다. 더불어 공감 능력도 중요한 요소다. 상대방의 입장에서 생각하고 그들의 감정을 함께 느끼려는 노력이 관계의 깊이를 결정한다. 무엇보다 일관성 있는 행동과 신뢰할 수 있는 품성을 보여주는 것이 필수적이다. 약속을 지키고, 비밀을 보장하며, 어려운 때에도 변하지 않는 모습을 보여줄 때 진정한 신뢰가 쌓인다. 이러한 요소들을 자신의 관계에서 실천하고 있는지 점검해 보자.

외로움만큼 관계의 소중함을 가르쳐주는 스승도 없다. 많은 사람들이 외로움을 단순히 부정적인 감정으로 여기지만,

실제로는 우리에게 중요한 통찰을 제공하는 소중한 경험이다. 외로움을 경험할 때 우리는 비로소 진정한 연결의 의미를 이해하게 된다. SNS의 수많은 팔로워나 화려한 파티에서의 인맥들이 실제 고독감을 해결해주지 못한다는 사실을 깨닫게 된다. 진정한 관계는 양이 아니라 질의 문제이며, 한 명의 진실한 친구가 백 명의 아는 사람보다 더 큰 위안을 줄 수 있음을 배우게 된다. 외로움 속에서 우리는 또한 자기 자신과의 관계를 발전시킬 수 있다. 타인의 존재에 의존하지 않고도 내면의 평화를 찾을 수 있는 능력을 기르는 것은 모든 외적 관계의 토대가 된다. 자신을 사랑하지 못하는 사람은 타인을 진정으로 사랑할 수 없고, 자신과 편안하지 못한 사람은 타인과도 건강한 관계를 맺기 어렵다. 외로움은 이러한 자기 성찰의 기회를 제공하며, 우리로 하여금 더 성숙하고 완전한 관계를 추구하게 만든다.

세네카가 제시한 '상실의 상상'은 단순하다. 지금 곁에 있는 사람이 없다면 어떨지 상상해보는 것이다. 부모님이 없는 집을 상상해 보자. 더 이상 따뜻한 밥상을 차려주는 사람도, 안부 전화를 하는 사람도 없는 상황을 떠올려보면 지금 그들의 존재가 얼마나 소중한지 깨달을 수 있다. 가장 친한 친구가 멀리 이사를 가거나 연락이 끊어진 상황을 상상해보면, 지금 그들과 나눌 수 있는 대화와 웃음이 얼마나 귀한 선물인지 알게 된다. 사랑하는 사람이 더 이상 곁에 없는 상황을 그려보면, 지금 이 순간 함께할 수 있는 시간이 얼마나 특별한지 실감하게 된다. 이러한 상상은 우리로 하여금 현재의 관계에 더욱 감사하고, 그들과의 시간을 더욱 의미 있게 보내도록 동기를 부여한다. 전하지 못한 감사 표현, 연기했던 만남, 하지 못한 사과를 더 이상 미루지 않게 만드는 강력한 촉매제가 된다. 후회는 늘 너무 늦었을 때 찾아오기 때문이다.

현대인들이 직면한 관계의 위기는 기술의 발달과 개인주의 문화의 확산에서 비롯된다. 스마트폰과 소셜 미디어는 우리에게 전례 없는 연결성을 제공했지만, 동시에 진정한 친밀감을 방해하는 요소로도 작용하고 있다. 대면 대화보다 메시지를 선호하고, 깊은 대화보다 표면적인 정보 교환에 만족하며, 즉각적인 반응을 기대하는 문화가 관계의 깊이를 저해하고 있다. 또한 성과 중심의 사회에서 관계마저도 효율성과 유용성의 관점에서 판단하려는 경향이 늘고 있다. 자기 이익만을 위해 우정을 맺는 사람은 잘못 계산하는 것이다. 궁지에 몰렸을 때 도움을 얻기 위해 친구를 사귄 사람은, 사슬이 덜

컥거리는 첫 소리에 그 친구에게 버림받게 될 것이다. 진정한 관계는 효율성이나 즉각적인 이익을 추구하는 것이 아니라, 서로의 존재 자체를 소중히 여기고 무조건적인 지지를 제공하는 것이다. 이러한 관계의 본질을 회복하기 위해서는 의식적인 노력과 인내가 필요하며, 빠른 것보다는 깊은 것을, 많은 것보다는 진실한 것을 추구하는 가치관의 전환이 요구된다.

관계의 투자는 금전적 투자와는 완전히 다른 성격을 가진다. 돈을 투자할 때는 명확한 수익률을 계산하고 위험을 분석하지만, 관계에 대한 투자는 즉각적인 보답을 기대하지 않는 순수한 마음에서 시작되어야 한다. 친구에게 베푼 호의나 시간, 관심이 반드시 같은 형태로 돌아올 것이라고 기대해서는 안 된다. 대신 관계 자체가 주는 기쁨과 의미, 그리고 상대방의 행복이 곧 우리의 보상이 되어야 한다. 세네카는 이렇게 말했다. "우정은 항상 유익하다." 이 말은 우정이 무언가를 '받기 위한' 것이 아니라 그 자체로 우리 삶을 풍요롭게 한다는 의미이다. 이러한 무조건적인 사랑과 지지야말로 진정한 우정의 특징이며, 세네카가 말한 소중한 관계의 본질이다. 또한 관계의 투자는 일회성이 아닌 지속적인 과정이다. 한 번의 큰 제스처보다는 일상 속의 작은 관심과 배려가 더 큰 힘을 발휘한다. 정기적인 안부 인사, 작은 기념일에 대한 기억, 상대방의 관심사에 대한 지속적인 관심 등이 관계를 든든하게 뒷받침하는 요소들이다. 소중한 사람들에게 어떤 투자를 하고 있으며, 그 투자가 진정성에서 우러나온 것인지 스스로에게 물어보자.

세네카의 지혜는 우리에게 관계에 대한 새로운 관점을 제시한다. 상실에 대한 두려움이 아니라 현재에 대한 감사로 관계를 바라보라는 것이다. 언젠가는 헤어질 수도 있다는 불안감 때문에 관계를 멀리하거나 깊이 투자하지 않는 것은 현명하지 못하다. 오히려 시간이 유한하기 때문에 현재의 관계가 더욱 소중하고 의미 있는 것이다. 영원할 것 같던 관계도 언젠가는 변화하거나 끝날 수 있다는 사실을 받아들이되, 그것을 두려워하기보다는 지금 이 순간의 함께함을 더욱 충실하게 누리는 것이 지혜로운 태도다. 죽음이 삶을 더욱 소중하게 만들듯이, 관계의 유한성은 현재의 만남을 더욱 특별하게 만들어준다. 이러한 관점에서 우리는 매 순간의 관계를 선물로 받아들이고, 그 안에서 최선을 다하며, 진심으로 사랑하고 배려할 수 있게 된다.

진정한 관계의 가치는 결국 우리 자신의 성장과 직결된다. 좋은 친구들과의 교류를 통해 우리는 더 나은 사람이 되고, 더 넓은 시각을 갖게 되며, 더 깊은 인간애를 배우게 된다. 관계는 우리의 거울이자 성장의 촉매제 역할을 한다. 타인과의 상호작용을 통해 우리는 자신의 강점과 약점을 발견하고, 공감 능력을 기르며, 사회적 지혜를 습득한다. 또한 위기의 순간에 진정한 친구들의 지지는 우리가 다시 일어설 수 있는 힘을 제공한다. 혼자서는 극복하기 어려운 시련도 함께 하는 사람들이 있으면 헤쳐나갈 수 있다. 반대로 우리가 다른 사람들을 돕고 지지할 때, 우리 자신도 더 큰 의미와 목적을 발견하게 된다. 베푸는 것이 받는 것보다 더 큰 행복을 준다는 말은 관계에서 특히 더 진실성을 갖는다. 소중한 관계들이 나를 어떻게 성장시키고 있으며, 나는 그들에게 어떤 긍정적 영향을 주고 있는지 생각해 보자.

"익숙함에 속지 말자.
당연한 관계는 없다."

누구와 함께하느냐가 누가 되느냐를 결정한다

"선한 사람과 함께 있는 것은 항상 유익하다.
말로 가르치지 않아도 그의 존재만으로
우리를 더 나은 사람으로 만든다."

— 세네카, 『루킬리우스에게 보내는 도덕 편지』 제94서

맹자의 어머니는 세 번 이사했다. 처음엔 묘지 근처에 살았는데, 어린 맹자가 장례 흉내를 내며 놀았다. 시장 근처로 옮겼더니 이번엔 장사꾼 흉내를 냈다. 마지막으로 서당 근처로 이사하자, 비로소 글 읽고 예절 배우는 흉내를 내기 시작했다. 같은 회사에 다니는 두 사람이 있다. 한 사람은 점심마다 불평하는 동료들과 어울린다. 회사 욕, 상사 욕, 세상 욕. 매일 듣다 보니 자신도 모르게 입에서 비슷한 말이 나온다. 또 한 사람은 조용히 자기 일하는 선배와 밥을 먹는다. 대단한 이야기를 나누는 건 아니다. 그냥 묵묵히 일하고, 남 탓하지 않고, 할 일 하는 모습을 옆에서 본다. 1년이 지났다. 두 사람은 완전히 다른 사람이 되어 있다. 맹모삼천지교가 단순한 고사가 아닌 이유가 여기에 있다. 좋은 사람과 함께 있으면 굳이 말로 가르치지 않아도 그 존재만으로 우리를 더 나은 사람으로 만든다. 선한 사람의 온화함과 배려심은 공기처럼 우리 안으로 스며들어 우리 자신도 모르게 더 나은 사람으로 변화시킨다. 반대도 마찬가지다. 마치 맑은 물이 탁한 물과 섞이면 그 성질이 달라지듯, 나쁜 사람과 함께 있으면 우리도 모르게 나빠진다.

이것은 의지의 문제가 아니다. 뇌의 작동 방식이다. 현대 심리학은 세네카의 통찰이 얼마나 정확했는지 과학적으로 증명하고 있다. 우리 뇌에는 '거울 뉴런'이라는 신경세포가 있다. 타인의 행동을 관찰할 때 마치 자신이 직접 그 행동을 하는 것처럼 활성화된다. 옆 사람이 하품하면 나도 하품이 나오고, 누군가 우는 걸 보면 나도 모르게 눈시울이 붉어지는 이유다. 이는 우리가 타인의 감정과 행동을 무의식적으로 모방하고 학습한다는 의미다. 선한 사람과 함께 있으면 우리 뇌는 그들의 친절함, 정직함, 배려심을 자연스럽게 학습하고 내재화한다. 반대로 부정적인 사람과 시간을 보내면 우리도 모르게 그들의 태도에 감염되어 우리 안의 선량함이 손상된다. 이건 단순한 영향력의 문제가 아니라 뇌가 작동하는 근본적인 방식이다.

그래서 누구와 시간을 보내느냐는 생각보다 훨씬 중요한 문제다. 우리는 종종 편하다는 이유로, 오래 알았다는 이유로, 관계를 끊기가 미안하다는 이유로 나쁜 영향을 주는 사람들과 계속 어울린다. 끊임없이 불평하고 남을 비난하는 사람, 거짓말을 일삼고 남을 이용하는 사람, 게으르고 무책임한 사람. 그들과 함께 있으면 우리도 모르게 그 색깔에 물든다. 이건 그 사람이 나빠서가 아니다. 환경의 힘이 의지의 힘보다 강하기 때문이다. 세네카는 군중 속에 오래 머물수록 우리는 더 탐욕스럽고, 더 야심적이고, 더 사치스럽게 돌아온다고 경고했다. 피할 수 없다면 최소한 노출 시간을 줄이고 정신적 거리를 유지해야 한다.

그래서 때로는 불편한 결단이 필요하다. 오랫동안 함께해 온 사람이라도 만날 때마다 나를 끌어내리는 사람이라면 거리를 두는 것이 맞다. 물론 가족이나 동료처럼 쉽게 멀어질 수 없는 관계도 있다. 그럴 때는 만나는 시간을 줄이고, 마음

속에 경계선을 그어두는 것이 필요하다. 이게 냉정한 걸까? 그렇지 않다. 비행기에서 비상시 산소마스크를 본인이 먼저 쓰라고 안내하는 이유가 있다. 내가 먼저 숨을 쉬어야 옆 사람도 도울 수 있기 때문이다. 나를 우선으로 지키는 것은 이기적인 게 아니다. 나를 지켜야 누군가를 지킬 수 있다. 계속 나를 무너뜨리는 환경에 머물면서 다른 사람을 돕겠다고 하면, 결국 둘 다 함께 가라앉게 된다. 내 안의 선한 것을 지키는 일은 나만을 위한 게 아니다. 내가 건강해야 내 곁의 사람들에게도 좋은 영향을 줄 수 있다.

나쁜 영향에서 거리를 두는 것만큼 중요한 것이 있다. 좋은 영향을 주는 사람 곁으로 가는 것이다. 좋은 사람 곁에서는 내 안의 좋은 것들이 깨어난다. 그 변화는 점진적이지만 확실하다. 그들의 언어를 듣다 보면 내 언어가 바뀌고, 그들의 태도를 보다 보면 내 태도가 바뀐다. 감사하는 사람 옆에 있으면 나도 삶의 작은 기쁨들을 더 잘 알아차리게 되고, 어려운 상황에서도 희망을 잃지 않는 사람 옆에 있으면 나도 역경을 다르게 보게 된다. 정직한 사람과 시간을 보내면 나도 더 투명해지고 싶어지고, 책임감 있는 사람 옆에 있으면 핑계가 부끄러워진다. 이건 노력이 아니라 스며듦이다. 향기로운 꽃 옆에 있으면 저절로 향기가 배는 것처럼, 선한 사람의 덕성은 강요나 설교 없이도 우리 안에 자연스럽게 스며든다.

그렇다면 어떤 사람 곁에 있어야 할까? 완벽한 사람을 찾으라는 게 아니다. 넘어져도 다시 일어서려는 사람, 실수하면 변명보다 인정이 먼저인 사람, 남의 성공을 진심으로 기뻐할 줄 아는 사람, 말과 삶이 크게 어긋나지 않는 사람. 대단한 조건이 아니다. 중요한 건 그 사람과 함께 있을 때 나도 더 나은 사람이 되고 싶은 마음이 드냐는 것이다. 함께 있으면 괜히 더 열심히 하고 싶어지고, 옆에 있으면 괜히 등이 펴지고, 핑계가 줄고, 조금 더 정직해지고 싶어지는 사람. 그런 사람이 내 곁에 있어야 할 사람이다.

그런 사람을 만나고 싶다면 먼저 내가 그런 사람이 되어야 한다. 유유상종은 평범한 속담이 아니라 관계의 흐름을 잘 짚어낸 말이다. 비슷한 결의 사람들은 서로를 알아보고 끌어당긴다. 내가 진심을 다하면 진심을 다하는 사람들이 곁에 모이고, 내가 불평으로 가득하면 불평하는 사람들이 모인다. 주변 사람들이 자꾸 마음에 안 든다면 잠깐 멈춰서 나를 돌아볼 필요가 있다. 그들은 내가 끌어당긴 거울일 수 있다. 좋은 사람들과 함께하고 싶다면, 그들이 '이 사람과 함께하고 싶다'고 느낄 만한 사람이 되어가는 수밖에 없다.

잊기 쉬운 사실이 하나 있다. 나도 누군가에게 영향을 주고 있다는 것이다. 내가 불평하면 옆 사람도 불평이 늘고, 내가 격려하면 옆 사람도 격려를 배운다. 내가 약속을 지키면 주변에도 약속을 지키는 공기가 생기고, 내가 책임을 피하면 '나도 그래도 되겠지'라는 분위기가 퍼진다. 선함도 전염되지만 나쁨도 전염된다. 지금 나는 무엇을 퍼뜨리고 있을까?

대단한 일을 해야 하는 게 아니다. 가장 중요한 것은 일관성이다. 가끔 선한 행동을 하는 것보다 매일 작은 선함을 실천하자. 동료에게 눈을 보며 안부를 묻고, 가족에게 고맙다는 말을 건네고, '수고하셨습니다' 한마디 더 하는 것. 누군가 힘들어할 때 잠깐 옆에 있어 주고, 성공했을 때 진심으로 '잘됐다'고 말해주는 것. 다른 사람의 성공을 축하하고, 실패했을 때는 따뜻한 위로를 전하며, 판단보다는 이해하려 노력하는 것. 이런 작은 것들이 누적되어 나라는 사람을 만들고, 그 내가 누군가의 하루를 바꾼다. 한 사람의 따뜻함이 다른 사람에게 전해지고, 그 사람이 또 다른 사람에게 전하면서 선한 연쇄반응이 시작된다.

이 연쇄반응은 실제로 일어나는 현상이다. 심리학에서는 이것을 '도덕적 전염'이라고 부른다. 지하철에서 누군가가 자리를 양보하는 걸 본 적이 있는가? 그 장면을 본 사람들은 그날 하루, 평소보다 조금 더 친절해진다. 직장에서 누군가가 바쁜 동료를 기꺼이 도와주는 모습을 보면, 보는 사람도 '나도 그래야겠다'는 마음이 생긴다. 선함은 직접 받지 않아도, 보는 것만으로 옮는다. 한 사람의 작은 친절이 그것을 목격한 사람에게 퍼지고, 그 사람이 또 다른 누군가에게 전하면서 선한 파동이 퍼져나간다. 물론 반대도 마찬가지다. 무례함을 보면 무례해지기 쉽고, 냉소를 보면 냉소적으로 되기 쉽다. 결국 내가 어떻게 행동하느냐는 나 혼자만의 문제가 아니다. 내 작은 선택이 누군가에게 전해지고, 그것이 또 다른 사람에게 이어진다. 생각보다 우리는 서로에게 많은 영향을 주고받으며 살고 있다.

지금 나는 누구와 시간을 보내고 있는가? 그들이 나를 더 나은 사람으로 만들어주고 있는가, 아니면 끌어내리고 있는가? 그리고 나는 그들에게 어떤 영향을 주고 있는가? 함께한 후 그들이 더 긍정적으로 변하는가, 아니면 더 지쳐 있는가? 이 질문에 솔직하게 답해보자. 그리고 오늘부터 의식적으로 좋은 사람들과 더 많은 시간을 보내고, 나 자신도 누군가에게 좋은 영향을 주는 사람이 되어보자. 선함은 전염된다. 내가 그 전염의 시작점이 될 수 있다.

"선함은 전염된다.

내가 그 시작점이 될 수 있다."

거짓말은 이자가 붙는 빚이다

"진실의 말은 단순하다."

— 세네카, 『행복한 삶에 관하여』

속으로는 전혀 괜찮지 않으면서 친구에게 '나 괜찮아'라고 말한 적이 있는가? 사실은 아직 시작도 못 했으면서 직장 상사에게 '거의 다 됐습니다'라고 보고한 적은? 우리는 하루에도 몇 번씩 크고 작은 거짓말을 한다. 대부분 별일 아니라고 생각한다. 하지만 그 순간은 편해도 이상하게 마음 한구석이 불편하다. 왜 그럴까? 세네카는 그 이유를 알고 있었다. 진실의 말은 단순하다. 진실은 한 번 말하면 끝이다. 하지만 거짓말은 그렇지 않다. 한 번 하면 그걸 기억해야 하고, 들킬까 봐 조심해야 하고, 다른 거짓말로 덮어야 한다. 거짓말쟁이는 자기가 친 거미줄에 스스로 걸려드는 것이다. 그리고 그 안에서 벗어나기 위해 더 많은 거짓말을 만들어내야 하는 악순환에 빠지게 된다.

현대 사회에서 우리는 매일 수많은 크고 작은 선택의 순간에 직면한다. 직장에서 실수를 했을 때 솔직하게 인정할 것인지 아니면 다른 핑계로 둘러댈 것인지, 친구에게 불편한 충고를 해줄 것인지 아니면 듣기 좋은 말만 할 것인지, 자신의 진짜 감정을 표현할 것인지 아니면 상대방이 원하는 모습으로 가장할 것인지의 선택들 말이다. 대부분의 사람들은 거짓말이 더 쉬운 길이라고 생각한다. 당장은 그렇다. 하지만 진짜 어려운 건 그다음이다. 거짓말을 한 순간부터 우리는 그 거짓을 들키지 않기 위해 끊임없이 조심해야 하고, 새로운 거짓말을 만들어내야 하며, 언젠가 진실이 밝혀질지도 모른다는 불안감 속에서 살아가야 한다. 거짓말은 빚과 같다. 갚지 않으면 이자가 붙는다.

진실한 사람은 편하다. 누구에게 뭐라고 했는지 기억하기 위해 노력할 필요가 없다. 그들은 일관된 이야기를 유지하기 위해 머리를 쥐어짤 필요도 없고, 언젠가 거짓이 들통날까 봐 전전긍긍할 필요도 없다. 진실한 삶을 사는 사람들은 마음이 가볍고, 말과 행동이 같으니까 내적 갈등이 적다. 이런 내적 일관성은 정신적 에너지의 낭비를 막아주고, 그 에너지를 더 생산적이고 창조적인 일에 사용할 수 있게 해준다. 반면 거짓말을 습관적으로 하는 사람들은 항상 긴장 상태에 있다. 'A에게는 이렇게 말하고, B에게는 저렇게 말했는데, 둘이 만나면 어떡하지?' 서로 다른 사람들에게 한 말들이 모순되지 않도록 주의하고, 진실이 밝혀질 위험성을 항상 경계한다. 이런 정신적 부담은 결국 스트레스와 불안으로 이어지고, 삶의 질을 크게 떨어뜨린다. 세네카의 말대로 진실의 말은 단순하다. 복잡하게 만드는 건 거짓이다.

거짓말의 복잡함은 단순히 개별적인 거짓말에서 끝나지 않는다. 하나의 거짓말은 또 다른 거짓말을 부른다. 예를 들어, 취업 준비 중인 자녀가 면접에서 떨어졌는데 부모님께 차마 말하지 못하고 잘 봤다고 한다. 그 순간은 넘어갔지만 그 다음부터가 문제다. 결과가 언제 나오느냐는 질문에 또 거짓말을 해야 하고, 다른 데도 넣어보라는 말에 이미 넣었다고 또 거짓말을 해야 한다. 한 번의 체면치레가 매일의 연기가 되고, 부모님 앞에서 점점 더 피곤해진다. 마치 저글링을 하는 사람처럼 여러 개의 공을 동시에 공중에 띄워놓고 있어야 하는 것이다. 하지만 그 공은 언젠가는 떨어진다. 그때의 충격과 상처는 처음부터 진실을 말했을 때보다 훨씬 클 수밖에 없다. 거짓말의 정신적 부담은 또한 자존감에도 심각한 영향을 미친다. 거짓말을 자주 하다 보면 점차 '진짜 나'가 뭔지 모르게 된다. 자신에 대한 신뢰를 잃게 되고, 타인들과 진정한 관계를 맺는 것도 어려워진다.

신뢰는 쌓기는 어렵고 무너지기는 쉽다. 부부관계에서든, 친구 관계에서든, 직장 동료와의 관계에서든, 진실한 소통은 관계의 기초가 된다. 상대방이 나에게 항상 진실을 말한다는 것을 알 때, 우리는 그 사람을 신뢰할 수 있고, 그 신뢰를 바탕으로 더 깊고 의미 있는 관계를 발전시킬 수 있다. 진실한 소통은 문제 해결도 빠르게 만든다. 문제의 진짜 원인을 숨기지 않고 드러낼 때, 우리는 그 문제를 근본적으로 해결할 방안을 찾을 수 있다. 반면 거짓말이나 은폐가 개입되면 문제의 본질이 흐려지고, 해결책 역시 표면적이고 임시방편적이다. 사람들은 믿을 수 있는 사람과 함께하고 싶어 한다. 그런 사람에게 더 많은 기회를 제공하고, 더 중요한 일을 맡기려 한다. 진실성은 단순한 도덕적 가치를 넘어서 실제로 기회를 여는 열쇠이기도 하다.

하지만 진실을 말하는 것이 항상 쉬운 것은 아니다. 때로는 상대방이 듣기 싫어할 말을 해야 할 때가 있다. 불편한 진실을 지혜롭게 전달하는 것은 그 자체로 하나의 기술이다. 먼저 타이밍이 중요하다. 상대방이 감정적으로 불안정하거나 다른 스트레스를 받고 있을 때는 진실을 전달하기에 적절하지 않을 수 있다. 적절한 시간과 장소를 선택하는 것이 중요하다. 또한 어떻게 말하느냐도 중요하다. 단순히 사실을 던져주는 것이 아니라 상대방의 감정과 상황을 고려하여 부드럽지만 명확하게 전달해야 한다. 진실을 말할 때는 상대방을 공격하거나 비난하는 것이 목적이 아니라 도움이 되고자 하는 마음에서 출발해야 한다. 이런 마음가짐의 차이는 같은 내용의 진실이라도 전혀 다른 결과를 가져올 수 있다. 마지막으로, 진실을 말한 뒤에는 기다려줘야 한다. 상대방이 바로 수긍하지 않는다고 다그치거나, 즉각적인 반응을 기대하면 안 된다. 불편한 진실은 소화하는 데 시간이 필요하다. 말하고 나서 여유를 주는 것까지가 진실을 전하는 기술이다.

가장 어려운 진실은 나 자신에 대한 진실이다. 자기기만을 버리고 현실을 직시하는 용기는 모든 용기 중에서도 가장 큰 용기다. 우리는 종종 자신의 실패나 약점을 인정하기보다는 다양한 변명과 합리화를 통해 자신을 속이려 한다. '시간이 없어서', '운이 나빠서', '다른 사람들이 도와주지 않아서'. 이런 핑계들은 일시적으로는 자존심을 지켜줄지 모르지만 장기적으로는 성장의 기회를 빼앗아 간다. 내 한계를 인정해야 그걸 넘어설 방법을 찾을 수 있다. 자신에게 거짓말하는 것은 다른 사람에게 거짓말하는 것보다 훨씬 위험하다. 왜냐하면 자신을 속이는 사람은 현실과 점점 더 멀어져 가고, 결국에는 객관적인 판단력을 잃게 되기 때문이다. 성공한 사람들의 공통점 중 하나는 자신에 대해 정직하다는 것이다. 그들은 자신의 강점과 약점을 정확히 알고 있고, 약점을 개선하기 위해 노력하며, 강점을 더 발전시키기 위해 투자한다.

진실한 삶을 살기 위해서는 작은 것부터 시작해보자. '교통이 막혀서 늦었다'는 거짓말 대신 '늦잠을 자서 늦었다'고 솔직하게 말하는 것부터. 이런 작은 진실들이 쌓여서 큰 진실성을 만들어낸다. 또한 자신의 감정과 생각에 대해 정직해야 한다. 화가 날 때는 화가 난다고 표현하고, 모르는 것이 있을 때는 모른다고 말하는 용기를 가져보자. 이런 감정적 정직함은 다른 사람들과의 관계를 더욱 진실하고 깊게 만들어준다. 또한 자신의 가치관과 신념에 대해 명확히 해야 한다. 무엇이 옳고 그른지에 대한 자신만의 기준이 있을 때, 자연스럽게 일관된 말과 행동을 하게 된다.

지난 하루를 한번 떠올려 보자. 그 안에서 사실과 다른 말을 한 순간은 몇 번이나 있었을까? 작은 과장, 살짝 감춘 말, 불편한 진실을 피해 간 말까지 모두 포함해서 말이다. 또 나는 나 자신에게 얼마나 정직했을까? 자신의 능력과 한계, 지금의 상황에 대해 있는 그대로 보고 있는가, 아니면 보고 싶은 대로 보고 있는가?

진실과 거짓 사이의 선택은 단순히 도덕적 문제를 넘어서 삶의 질과 직결되는 문제다. 진실은 한 번이면 끝이지만, 거짓은 끝이 없다. 그 끝없는 거짓을 유지하는 데 드는 에너지는 결국 우리 자신을 고갈시키고, 진정한 성장과 발전을 방해한다. 진실한 삶은 때로는 불편하고 어려울 수 있다. 하지만 그 대가로 얻는 것이 있다. 마음의 가벼움, 관계의 깊이, 그리고 거울 앞에서 눈을 피하지 않아도 되는 자유. 오늘부터 작은 진실 하나부터 시작해보자.

"진실은 한 번이면 끝이지만,
거짓은 끝이 없다."

빼앗길 수 없는 것에 투자하라

"현자는 잃어서 슬플 것이 아무것도 없다.
오직 덕만이 그의 소유이기 때문이다"
— 세네카, 『현자의 불변에 관하여』

2008년 금융위기 때, 하룻밤 사이에 전 재산을 잃은 사람들이 있었다. 평생 모은 돈이 증발했다. 어떤 사람은 무너졌고, 어떤 사람은 다시 일어섰다. 차이가 뭐였을까? 돈은 사라졌지만, 다시 일어난 사람들에게는 아무도 빼앗아갈 수 없는 것들이 남아 있었다. 내 안의 경험과 판단력, 그리고 나를 믿어주는 사람들. 세네카는 이미 2천 년 전에 이 사실을 알고 있었다. 그는 로마 최고의 부와 권력을 누렸지만, 정치적 격변 속에서 재산을 잃고 8년간 코르시카 섬에 유배되기도 했다. 모든 것을 빼앗긴 그 시간 동안 그는 오히려 글을 쓰고 사색하며 철학자로서 성숙해졌다. 그래서 그는 확신할 수 있었다. 줄 수 있는 것은 빼앗길 수도 있다고. 물질적 소유는 언제든 사라질 수 있지만, 내면에 쌓아올린 지식과 지혜, 그리고 인격은 그 누구도 빼앗아 갈 수 없다는 것이다.

세네카의 이 통찰은 오늘날 우리가 살아가는 불확실한 시대에 더욱 깊은 의미로 다가온다. 코로나19 팬데믹은 하루아침에 수많은 사람들의 일자리와 사업을 앗아갔고, 경제 위기는 평생 모아온 재산을 순식간에 증발시켰다. 기술의 급속한 발전은 기존의 전문 지식을 무용지물로 만들어버리기도 한다. 이런 변화무쌍한 시대에 우리가 의지할 수 있는 것은 무엇일까? 바로 우리 내면에 축적해온 정신적 자산들이다. 깊이 있게 사고하는 능력, 어려움을 극복해온 경험에서 얻은 지혜, 타인과 진심으로 소통할 수 있는 인격적 성숙함, 그리고 어떤 상황에서도 흔들리지 않는 가치관과 신념 말이다. 이런 것들은 외부 환경이 아무리 변해도 우리 안에서 굳건히 자리를 지키며, 오히려 시간이 갈수록 더욱 단단해지고 깊어진다.

정신적 자산의 첫 번째 구성 요소는 지식과 지혜다. 이 둘은 다르다. 지식은 정보의 축적이지만, 지혜는 그 정보를 삶에 적용하는 능력이다. 책을 많이 읽고 학위를 쌓는 것도 중요하지만 그보다 더 중요한 것은 그 지식을 실제 상황에서 어떻게 활용할 것인가 하는 문제다. 진정한 지혜는 시행착오를 통해서만 얻을 수 있다. 실패했을 때 좌절하지 않고 거기서 무엇을 배울 것인지 찾아내는 능력, 복잡한 문제를 단순하게 정리하여 핵심을 파악하는 능력, 감정에 휘둘리지 않고 냉정하게 판단하는 능력 등이 모두 지혜에 해당한다. 이런 지혜는 한번 몸에 배면 사라지지 않는다. 오히려 나이가 들수록 더욱 빛을 발한다. 젊을 때는 체력과 순발력으로 문제를 해결할 수 있지만, 나이가 들면 지혜가 가장 강력한 무기가 된다.

두 번째는 덕성이다. 정직함, 성실함, 배려심, 책임감 같은 인격적 자질들은 그 자체로 거대한 자산이다. 이런 덕성을 갖춘 사람은 어떤 조직에서든, 어떤 상황에서든 환영받는다. 사람들은 능력이 뛰어난 사람보다 믿을 수 있는 사람을 더 곁에 두고 싶어 한다. 덕성은 단기간에 형성되지 않는다. 수없이 많은 작은 선택들, 양심의 소리에 따른 행동들, 당장의 이익보다 옳은 일을 택하는 용기들이 차곡차곡 쌓여서 만들어지는 것이다. 세네카가 말했듯, 오직 덕만이 영원하고 안전한 기쁨을 준다. 한번 형성된 덕성은 그 사람의 평생에 걸쳐 빛을 발하며, 심지어 그 사람이 죽은 후에도 오랫동안 기억되고 존경받는다.

현대인들이 가장 큰 스트레스를 받는 부분 중 하나는 외부 상황에 끊임없이 반응해야 한다는 것이다. 주가가 내려갔다, 부동산이 올랐다, 정책이 바뀐다. 우리는 매일매일 이런 소식에 감정적으로 반응한다. 하지만 정신적 부를 쌓은 사람은 이런 외부 변화에 쉽게 흔들리지 않는다. 물론 그들은 현실을 무시하거나 도피하는 것이 아니다. 상황을 정확히 파악하고 필요한 대응은 하지만, 그것 때문에 내적 평온을 잃지 않는다. 외부의 소음 속에서도 자신만의 중심을 지킬 수 있는 힘, 이것이 바로 정신적 부가 주는 가장 큰 선물이다. 흔들리지 않으니까 더 정확하게 볼 수 있고, 정확하게 보니까 더 나은 판단을 내릴 수 있다. 결국 내면이 안정된 사람이 외부 상황도 더 잘 다루게 된다.

정신적 성장을 통한 진정한 자립은 물질적 독립과는 차원이 다른 개념이다. 경제적으로 풍족해도 정신적으로 의존적인 사람들이 많다. 타인의 인정을 받기 위해 끊임없이 자신을 포장하고, 남들의 시선을 의식해서 진짜 자신의 모습을 숨기며, 유행과 사회적 압력에 맞춰 자신의 가치관을 바꾸는 사람들 말이다. 반면 정신적으로 성숙한 사람은 자신이 누구인지 정확히 알고, 자신의 가치와 신념에 따라 일관되게 행동한다.

남들이 어떻게 생각하든 자신이 옳다고 믿는 바를 실천할 수 있는 용기를 갖고 있다. 이런 정신적 자립은 진정한 자유를 가져다준다. 외부의 평가나 보상에 의존하지 않고도 스스로 의미 있는 삶을 창조해나가는 힘이 생기는 것이다. 이보다 더 큰 부가 어디 있을까.

물질적 손실이 닥쳤을 때 우리의 진정한 인격이 드러난다. 부자였을 때는 관대해 보이던 사람도 가난해지면 옹졸해지기 쉽다. 반면 진정한 인격적 힘을 가진 사람은 어떤 상황에서도 자신의 품격을 유지한다. 역사상 가장 존경받는 인물들을 떠올려보자. 그들 대부분은 물질적으로는 별로 가진 것이 없었지만 정신적으로는 무엇보다 풍부했다. 소크라테스는 가난했지만 누구보다 지혜로웠고, 간디는 소유물이 거의 없었지만 한 나라를 움직일 정도의 정신적 영향력을 가졌다. 이들의 진정한 재산은 은행 잔고가 아니라 그들의 마음에 있었다. 그리고 그 재산은 죽음 이후에도 사라지지 않고 계속해서 인류에게 영향을 미치고 있다.

내면의 풍요로움은 자연스럽게 외부로 발산된다. 정신적으로 풍부한 사람은 다른 사람들에게 긍정적 에너지를 전달한다. 그들과 대화를 나누면 기분이 좋아지고 뭔가 얻어가는 느낌이 든다. 그들의 존재 자체가 주변 사람들에게 희망과 용기를 주는 원천이 된다. 이런 사람들은 특별히 노력하지 않아도 자연스럽게 사람들이 모인다. 그들이 하는 말에는 무게가 있고, 그들의 행동에는 설득력이 있다. 왜냐하면 그들의 말과 행동이 깊은 내면의 성찰과 경험에서 우러나오기 때문이다. 이런 영향력은 돈으로 살 수 없고, 그 가치는 측정할 수 없을 정도로 크다. 한 사람의 변화가 가족을 바꾸고, 가족의 변화가 공동체를 바꾸며, 공동체의 변화가 사회를 바꾸는 것이다.

그렇다면 정신적 부는 어떻게 쌓을 수 있을까? 거창한 방법이 있는 게 아니다. 책을 읽되, 그냥 읽지 말고 내 상황에 대입해보는 것이다. '이 사람이라면 지금 내 문제를 어떻게 풀었을까?' 이렇게 묻는 습관이 지식을 지혜로 바꿔준다. 또 하나는 직접 부딪혀보는 것이다. 해본 적 없는 일, 어색한 자리, 낯선 사람. 이런 것들을 피하지 않고 경험으로 바꾸는 사람은 머리로만 아는 사람과 다르다. 마지막으로, 작은 약속을 지키는 것이다. 거창한 덕목이 아니라 제시간에 도착하기, 하겠다고 한 일 마무리하기 같은 사소한 것들이 쌓여서 신뢰가 되고, 신뢰가 쌓여서 인격이 된다. 이 모든 과정이 매일 조금씩 쌓이면, 어느 순간 아무도 빼앗을 수 없는 것이 되어 있다.

물질적 부와 정신적 부의 가장 큰 차이점이 있다. 정신적 부는 나누면 나눌수록 커진다. 돈이나 물건은 나누어주면 내 것이 줄어들지만, 지식이나 지혜, 사랑은 나누어줄수록 오히려 더 풍부해진다. 내가 가진 지식을 다른 사람에게 가르쳐주면 상대방도 배우지만 나 역시 더 깊이 이해하게 된다. 사랑을 표현할 때도 받는 사람뿐만 아니라 주는 사람 역시 큰 기쁨을 느낀다. 움켜쥐면 사라지고 나누면 커지는 것. 이것이 정신적 부의 신비한 특성이다. 그래서 정신적으로 풍요로운 사람들은 자연스럽게 관대하고 너그러워진다. 그들에게는 나눌 것이 무한히 많기 때문이다.

현실적으로 우리는 물질적 부도 어느 정도 필요하다. 기본적인 생활을 유지하고 가족을 부양하며 미래를 대비하기 위해서는 경제적 안정이 중요하다. 하지만 문제는 우선순위다. 물질적 부만을 추구하다 보면 정신적 부를 쌓을 시간과 에너지가 부족해진다. 반면 정신적 부를 먼저 쌓은 사람이 물질적으로도 더 잘 회복한다. 판단력이 있으니 기회를 알아보고, 신뢰가 있으니 사람들이 손을 내밀기 때문이다. 무엇보다

한 번 잃어본 사람은 빼앗길 수 있는 것과 빼앗길 수 없는 것의 차이를 안다. 통장은 비워질 수 있지만, 내 안에 쌓인 것들은 여전히 남아 있다. 그래서 다시 시작할 수 있는 것이다.

내가 쌓아온 것들 중에서 정말로 빼앗길 수 없는 것은 무엇인가? 10년 후, 20년 후에도 여전히 나의 자산이 될 수 있는 것은 무엇인가? 모든 것을 잃어도 남는 것은 무엇인가? 이런 질문들을 진지하게 고민해보면, 우리가 진정으로 투자해야 할 영역이 무엇인지 명확해진다. 세네카가 말했듯, 현자는 잃어서 크게 슬퍼할 것이 없다. 빼앗길 수 없는 것만을 진짜 자기 것으로 여기기 때문이다. 이 재산을 축적하는 일에 우리의 시간과 에너지를 집중한다면, 어떤 변화와 시련이 와도 흔들리지 않는 진정한 부자가 될 수 있을 것이다.

"줄 수 있는 것은 빼앗길 수도 있다.

그래서 빼앗길 수 없는 것에 투자해야 한다."

제4부

삶의 지혜와 행동의 실천

: 자연에 따르고 운명에 응답하는 삶

통제할 수 없는 일에 휘둘리는 순간, 자유를 잃는다 | 더 많이 가질수록 더 가난해지는 역설 | 욕망에는 끝이 없고, 필요에는 한계가 있다 | 배움을 멈추면 늙기 시작한다 | 바꿀 수 없는 것에 에너지를 낭비하지 말라 | 생각만 하는 사람, 움직이기만 하는 사람 | 피할 수 없다면, 타는 법을 배워라 | 의미 있는 존재가 된다는 것

통제할 수 없는 일에 휘둘리는 순간, 자유를 잃는다

"우리의 행복을 외부의 것에 두지 않을 때, 우리는 비로소 정상에 도달한 것이다."

— 세네카, 『루킬리우스에게 보내는 도덕 편지』 제23서

아침에 집을 나서는 순간부터 하루는 예측 불가능해진다. 출근길 지하철이 갑자기 멈춰 서고, 중요한 미팅 직전에 클라이언트가 일정을 취소한다. 점심시간에 동료가 던진 한마디에 기분이 상하고, 퇴근 무렵에는 예상치 못한 업무가 떨어진다. 우리는 하루에도 수십 번씩 '내 뜻대로 되지 않는 일'과 마주한다. 그때마다 짜증이 치밀고, 불안해지고, 때로는 분노가 폭발하기도 한다. 그런데 가만히 생각해보면, 우리가 화를 내고 스트레스받는 일 중 상당수는 애초에 우리 힘으로 어쩔 수 없는 것들이다. 지하철을 내가 고칠 수 없고, 클라이언트의 마음을 내 맘대로 바꿀 수 없으며, 동료의 입에서 나온 말을 되돌릴 수도 없다. 2천 년 전 로마 철학자 세네카는 바로 이 지점을 정확히 짚었다. 우리가 무엇에서 기쁨을 찾는지 알고, 행복을 외부의 것에 맡기지 않았다면 정상에 도달한 것이다. 외부 상황에 행복을 걸어두는 한, 우리는 영원히 흔들릴 수밖에 없다는 뜻이다.

세네카는 권력의 한복판에서 인생의 롤러코스터를 온몸으로 겪은 사람이었다. 네로 황제의 스승이자 고문으로 활동했으나, 결국 정치적 희생양이 되어 자결을 명령받고 생을 마감했다. 황제의 총애를 받다가 하루아침에 죽음을 선고받기까지, 그는 누구보다 인생의 불확실성을 절감했을 것이다. 하지만 세네카는 이런 절망적 현실 앞에서 굴복하지 않고, 인간이 진정으로 통제할 수 있는 영역이 무엇인지를 명확히 구분하는 지혜를 발견했다. 그것은 바로 우리 자신의 반응, 태도, 그리고 선택이라는 내적 영역이다. 그리고 이 깨달음은 2천 년이 지난 지금도 전혀 낡지 않았다.

요즘 세상은 세네카가 살던 시대보다 훨씬 복잡하고 빠르게 돌아간다. 글로벌 경제의 불안정성, 기술 발전의 가속화, 예상치 못한 전염병, 그리고 소셜미디어를 통해 쏟아지는 수

많은 정보들은 우리를 끊임없이 불안하게 만든다. 많은 사람들이 이런 거대한 변화의 소용돌이 속에서 자신이 통제할 수 없는 것들에 에너지를 소모하며 무력감을 느낀다. 경제 상황, 타인의 행동, 회사의 정책, 정치적 변화, 날씨, 교통 상황 등 우리 주변에는 우리가 직접 통제할 수 없는 요소들이 너무나 많다. 그런데 여기서 중요한 건, 통제할 수 없는 일에 매달릴수록 우리는 더 지친다는 사실이다. 세네카의 지혜는 바로 이 지점에서 빛을 발한다. 우리가 통제할 수 없는 것들에 매달리기보다는, 우리가 분명히 통제할 수 있는 영역에 집중할 때 진정한 자유와 평안을 얻을 수 있다는 것이다.

그렇다면 구체적으로 무엇이 내 통제 안에 있고, 무엇이 밖에 있을까? 통제할 수 없는 영역에는 타인의 행동과 말, 과거에 일어난 사건들, 미래의 불확실한 결과들, 자연재해나 경제 위기 같은 거시적 상황들이 포함된다. 반면 우리가 통제할 수 있는 영역에는 현재의 우리 행동, 생각하는 방식, 감정에 대한 반응, 시간을 보내는 방법, 관계를 맺는 태도, 그리고 무엇보다 어떤 가치관을 가지고 살아갈지에 대한 선택이 있다. 이런 구분을 명확히 하고 나면, 우리는 에너지를 어디에 투입해야 할지 분명해진다. 통제할 수 없는 것들에 대한 걱정과 분노에 시간을 낭비하는 대신, 우리가 실제로 영향을 미칠 수 있는 영역에 온 힘을 집중할 수 있게 된다. 이것이야말로 진정한 효율성이며, 내적 평화를 얻는 길이기도 하다.

많은 사람들이 자유를 '외부 조건'으로 생각한다. 충분한 돈, 좋은 직장, 건강한 몸, 원하는 곳에서 살 수 있는 환경 등을 가져야만 자유롭다고 여긴다. 하지만 세네카가 말하는 진정한 자유는 이런 외부 조건들에 의존하지 않는다. 감옥에 갇혀 있어도, 병상에 누워 있어도, 경제적으로 궁핍해도 우리는 마음의 자유를 가질 수 있다. 이런 내적 자유는 우리가 어떤 관점으로 상황을 바라보고, 어떤 태도로 반응할지를 스스로 선택할 수 있는 능력에서 나온다. 직장에서 부당한 대우를 받더라도 우리는 분노로 반응할 수도 있고, 이를 성장의 기회로 받아들일 수도 있다. 건강상의 문제가 생겨 절망할 수도 있지만, 이를 통해 삶의 우선순위를 재정립하는 계기로 삼을 수도 있다. 어차피 피할 수 없는 상황이라면 저항하며 끌려가기보다 받아들이며 함께 걸어가는 편이 현명하다. 이런 선택의 자유야말로 그 누구도 빼앗을 수 없는 진정한 자유다.

감정을 다스리는 능력은 현대인에게 특히 중요하다. 우리는 하루에도 수십 번 다양한 감정을 경험한다. 교통 체증으로 인한 짜증, 동료의 무신경한 말로 인한 상처, 예상치 못한 일로 인한 불안, 타인의 성공을 보며 느끼는 질투 등 감정의 변화는 끊임없이 일어난다. 많은 사람들이 이런 감정들이 자동으로 일어나는 자연스러운 반응이라고 여기며, 감정에 휘둘려 살아간다. 하지만 세네카의 지혜에 따르면, 감정이 떠오르는 것 자체는 막을 수 없어도 그 감정에 어떻게 반응할지는 선택할 수 있다. 화가 날 때 즉시 폭발하는 대신 잠시 멈춰서 상황을 재평가할 수 있고, 불안할 때 걱정에 빠지는 대신 할 수 있는 구체적 행동을 찾을 수 있다. 이런 감정 조절 능력은 하루아침에 생기지 않는다. 꾸준한 자기 관찰과 의식적인 연습을 통해서만 개발할 수 있는 능력이다. 쉽지 않지만 한번 이 능력을 기르고 나면 우리는 더 이상 감정의 노예가 아니라 감정의 주인이 될 수 있다.

인간관계에서도 이 원칙은 큰 힘을 발휘한다. 우리는 종종 다른 사람들이 우리가 원하는 방식으로 행동하지 않을 때 좌절감을 느낀다. 가족이 우리를 이해해주지 않을 때, 친구가 약속을 지키지 않을 때, 동료가 협조하지 않을 때, 상사가 인정해주지 않을 때 우리는 그들을 바꾸려고 노력한다. 하지만 타인을 바꾸는 것은 본질적으로 불가능하다. 사람들은 각자의 가치관, 경험, 성격에 따라 행동하며, 우리가 아무리 원한다 해도 그들의 본질을 바꿀 수는 없다. 세네카의 지혜는 여기서 관점을 180도 뒤집어준다. 다른 사람을 바꾸려고 에너지를 낭비하는 대신, 그들의 행동에 대한 우리의 반응을 바꾸는 데 집중하면 어떨까. 상대방이 무례하게 행동해도 우리까지 무례해질 필요는 없다. 오히려 더욱 품격 있게 행동함으로써 상황을 개선할 수 있다. 이건 단순히 참는 게 아니다. 주도권을 내가 가져오는 적극적인 전략이다.

이런 관점의 전환은 우리에게 놀라운 힘을 준다. 다른 사람의 행동에 일희일비하며 감정적으로 소모되는 대신, 우리는 일관되고 안정된 자아를 유지할 수 있게 된다. 상대방이 화를 낸다고 해서 우리까지 화를 낼 필요가 없고, 상대방이 부정적이라고 해서 우리까지 부정적일 필요가 없다. 우리는 우리만의 원칙과 가치관에 따라 행동하면 된다. 이런 태도는 결국 우리 주변 사람들에게도 긍정적인 영향을 미친다. 일관되고 원칙적인 사람 곁에서는 다른 사람들도 더 나은 모습을 보이게 되는 경우가 많다. 결국 우리가 바꿀 수 있는 것은 우리 자신뿐이지만, 우리 자신을 바꾸는 것이 주변 환경에 미치는 긍정적 파급효과는 생각보다 훨씬 크다.

요즘은 정보 과잉의 시대다. 뉴스, 소셜미디어, 각종 매체를 통해 쏟아지는 정보들은 대부분 부정적이고 불안을 조장하는 내용들이다. 경제 위기, 환경 파괴, 정치적 갈등, 사회 문제 등에 대한 정보들을 접하다 보면 세상이 곧 끝날 것 같은 불안감에 휩싸이기 쉽다. 하지만 이런 거대한 문제들에 대해 걱정만 하는 것은 아무런 도움이 되지 않는다. 오히려 우리의 에너지만 소모시키고 무력감을 증가시킬 뿐이다. 세네카의 방식대로라면 걱정거리를 두 가지로 나눠볼 필요가 있다. 첫째는 우리가 실제로 영향을 미칠 수 있는 것들이고, 둘째는 우리가 아무것도 할 수 없는 것들이다. 전자에 대해서는 구체적인 행동 계획을 세우고 실천하며, 후자에 대해서는 걱정을 멈추고 받아들여야 한다. 이런 구분만 명확히 해도 정신적 에너지를 훨씬 효율적으로 쓸 수 있다.

실질적 행동에 집중한다는 건 추상적인 걱정을 구체적인 실행으로 바꾸는 것이다. 예를 들어, 회사에서 구조조정 소문이 돈다면 불안에 떨며 소문만 수집하는 대신 이력서를 업데이트하고, 업계 동향을 파악하며, 평소 소홀했던 인맥을 정리해볼 수 있다. 중요한 발표를 앞두고 긴장된다면 머릿속으로 최악의 시나리오만 그리는 대신 발표 연습을 한 번 더 하고, 예상 질문에 대한 답변을 준비할 수 있다. 자녀와의 관계가 멀어진 것 같아 걱정된다면 한숨만 쉬는 대신 이번 주말 함께 할 활동을 계획해볼 수 있다. 이처럼 걱정을 행동으로 전환하는 습관을 들이면, 문제 앞에서 무력한 피해자가 아니라 적극적으로 해결책을 찾는 주체가 될 수 있다. 모든 문제를 완벽하게 해결할 수는 없지만, 적어도 우리가 할 수 있는 최선을 다했다는 만족감과 자신감을 얻을 수 있다.

이런 접근법을 일상에 적용하려면 어떻게 하면 좋을까? 매일 저녁 잠들기 전 5분만 시간을 내보자. 하루 동안 어떤 일들에 에너지를 소모했는지 돌아보고, 그중에서 실제로 우리가 통제할 수 있었던 것과 그렇지 않았던 것을 구분해보는 것이다. 통제할 수 없는 일들에 얼마나 많은 시간과 에너지를 낭비했는지 깨달으면, 다음 날부터는 더 현명하게 에너지를 배분할 수 있다. 또한 오늘 내가 통제할 수 있었던 영역에서는 어떤 선택을 했는지, 그 선택이 내 가치관과 일치했는지도 점검해볼 수 있다. 이런 작은 성찰이 쌓이면 점차 통제 가능한 영역과 불가능한 영역을 구분하는 눈이 생기고, 자연스럽게 에너지를 현명하게 쓰는 습관이 몸에 배게 된다.

지금 이 순간, 나는 어떤 일에 에너지를 쓰고 있을까? 다른 사람의 평가, 과거의 실수, 미래의 불확실성, 사회적 변화 등 내가 직접 바꿀 수 없는 것들에 대한 걱정이 하루 중 얼마나 많은 시간을 차지하고 있을까? 그리고 반대로, 내가 분명히 통제할 수 있는 영역들 오늘의 행동, 말하는 방식, 시간 사용법, 건강 관리, 학습과 성장 등에는 얼마나 의식적으로 집중하고 있을까? 만약 내가 통제할 수 없는 것들에 대한 걱정을 모두 내려놓고, 그 에너지를 통제 가능한 영역에만 집중한다면 내 삶은 어떻게 달라질까?

통제할 수 있는 것과 없는 것을 명확히 구분하고, 우리의 에너지를 통제 가능한 영역에 집중할 때 우리는 진정한 자유와 평안을 경험할 수 있다. 외부 상황이 아무리 어렵고 불확실해도, 우리 내면의 반응과 선택은 여전히 우리 것이다. 이것이야말로 그 누구도 빼앗을 수 없는 힘이다. 오늘부터 통제할 수 없는 것들에 대한 걱정을 내려놓고, 통제할 수 있는 영역에서 최선을 다하는 삶을 실천해보는 건 어떨까. 그때 비로소 우리는 외부에 휘둘리지 않는 진정한 자유인이 될 수 있을 것이다.

"내가 바꿀 수 없는 것에 매달리는 순간,
나는 자유를 잃는다.
진정한 자유는 외부가 아니라
내 안에 있다."

더 많이 가질수록 더 가난해지는 역설

"적게 가진 사람이 가난한 것이 아니라,
더 많이 갈망하는 사람이 가난한 것이다."
— 세네카, 『루킬리우스에게 보내는 도덕 편지』 제2서

월급날이었다. 통장에 돈이 들어왔다는 알림을 확인하고 나니, 미뤄두었던 것들이 하나둘 떠오르기 시작했다. 요즘 눈여겨보던 무선 이어폰, 세일 중인 겨울 코트, 오래된 노트북 교체까지. 일주일 뒤 통장을 다시 보니 어디에 쓴 건지 모를 돈이 절반 넘게 사라졌다. 분명히 월급이 오르면 여유로워질 거라고 생각했는데, 왜 늘 빠듯할까. 이상한 건, 수입이 적을 때도 어떻게든 살았다는 점이다. 돈이 늘어난 만큼 필요한 것도 함께 늘어난 것일까? 세네카는 이런 역설을 정확히 꿰뚫어 보았다. 그는 말했다. "적게 가진 사람이 가난한 것이 아니라, 더 많이 갈망하는 사람이 가난한 것이다." 가진 것의 양이 아니라 원하는 것의 크기가 우리를 가난하게 만든다는 뜻이다.

세네카는 이 말을 할 자격이 충분한 사람이었다. 그는 정치가이자 극작가로서 막대한 재산을 소유했고, 로마 제국에서 손꼽히는 부자였다. 하지만 동시에 스토아 철학자로서 물질적 소유가 인간의 행복과 직결되지 않는다는 것을 몸소 체험한 사람이기도 했다. 그는 일부러 자기 집에 흙바닥 방을 하나 만들어두고, 거친 옷을 입고 빵 껍질만 먹으며 지내는 연습을 했다고 한다. 왜 그랬을까? 언젠가 모든 것을 잃을 수 있다는 두려움에서 벗어나기 위해서였다. 그렇게 자발적으로 궁핍을 경험해보니 생각보다 끔찍하지 않았다. 그 순간 그는 진짜 자유로워졌다. 세네카가 전하는 메시지의 핵심은 이것이다. 진정한 부유함이란 더 많이 갖는 것이 아니라 적게 필요로 하는 것에서 나온다는 것. 이는 단순히 검소함을 권하는 것이 아니라 욕망의 본질을 이해하고 내적 자유를 얻는 길을 제시한 것이다.

오늘날은 세네카의 시대와 비교할 수 없을 만큼 유혹이 많다. 소셜미디어를 통해 타인의 화려한 삶을 끊임없이 접하게 되고, 광고는 우리가 부족한 존재라는 메시지를 지속적으로 전달한다. 새로운 상품이 나올 때마다 우리는 그것이 없으면 불완전한 존재라고 느끼게 된다. 더 좋은 집, 더 비싼 차, 더 많은 돈이 있어야만 진정한 행복을 누릴 수 있다고 믿는다. 그런데 가만히 관찰해보면 이상한 점을 발견하게 된다. 목표를 달성한 사람들도 잠시 만족할 뿐, 곧 더 큰 욕망에 사로잡힌다는 것이다. 물질적 풍요는 분명히 삶의 편의성과 안정성을 제공하지만, 그 자체로는 우리 내면의 충만함을 채워주지 못한다. 진정한 만족감은 외부에서 무언가를 더 얻는 것이 아니라, 이미 가진 것의 가치를 온전히 인식하고 감사할 때 찾아온다.

욕망은 왜 끝이 없을까? 그것은 욕망의 본질적 특성 때문이다. 욕망은 결코 영구적으로 충족되지 않으며, 하나의 욕구가 해결되면 즉시 새로운 욕구가 그 자리를 차지한다. 세네카는 이렇게 표현했다. "우리가 만족할 수 있었다면 이미 오래전에 만족했을 것이다." 이는 마치 목마른 사람이 바닷물을 마시는 것과 같다. 일시적으로 갈증을 해소한 듯 느껴지지만, 실제로는 더 큰 갈증을 불러일으킬 뿐이다. 현대인들이 경험하는 공허함의 상당 부분은 바로 이런 욕망의 무한 확장에서 비롯된다. 우리는 더 많이 가질수록 더 부족함을 느끼는 역설적 상황에 처해 있다. 소득이 증가해도 저축은 늘지 않고, 물건이 많아져도 만족감은 오히려 감소한다. 이런 현상은 우리가 욕망의 주인이 아니라 노예가 되었음을 보여준다. 욕망에 이끌려 다니는 삶은 주체적인 삶이 아니라 반응적인 삶이다.

그렇다면 이 악순환에서 어떻게 벗어날 수 있을까? 가장 먼저 해야 할 일은 현재 가진 것에 진심으로 감사하는 마음가짐을 기르는 것이다. 이는 단순한 긍정적 사고나 자기최면이 아니다. 감사는 현실을 있는 그대로 바라보고, 그 속에서 진정한 가치를 발견하는 적극적인 인식 작용이다. 아침에 깨어나 건강한 몸으로 하루를 시작할 수 있다는 것, 가족과 친구들의 사랑을 받고 있다는 것, 배우고 성장할 기회가 주어져 있다는 것들을 의식적으로 인식하고 감사할 때, 우리는 이미 충분히 풍요로운 존재임을 깨닫게 된다. 감사하는 마음은 부족함에서 풍요로움으로 초점을 옮겨주는 렌즈 역할을 한다. 같은 상황이라도 감사의 눈으로 바라보면 전혀 다른 의미와 가치를 발견할 수 있다. 이 관점의 전환만으로도 우리는 바로 더 부유한 사람이 될 수 있다.

현대 소비주의 문화는 우리에게 끊임없이 '더 많이, 더 좋은 것'을 추구하도록 부추긴다. 하지만 진정한 가치는 양이 아니라 질에서, 소유가 아니라 경험에서, 갖기보다는 나누는 데서 발견된다. 새 차를 사는 것보다 오랜 친구와 드라이브를 떠나는 시간이 더 오래 기억에 남을 수 있다. 비싼 헬스장 등록보다 동네 공원에서 꾸준히 걷는 습관이 건강에 더 도움이 될 수 있다. 최신 주방 기구를 들이는 것보다 가족과 함께 요리하는 경험이 더 깊은 만족을 줄 수 있다. 이는 물질적 풍요를 무조건 거부하자는 것이 아니다. 대신 진정으로 내 삶에 의미와 가치를 더해주는 것이 무엇인지 분별하는 지혜를 기르자는 것이다. 그 지혜를 통해 소비주의 문화 속에서도 자신만의 기준과 가치관을 확고히 세우고, 그에 따라 선택할 수 있는 주체적인 삶을 살아갈 수 있다.

단순함은 가난함이나 결핍과는 전혀 다른 개념이다. 진정한 단순함은 복잡함을 거쳐 도달하는 성숙한 지혜의 결과물이다. 어린아이의 단순함이 아직 모르기 때문에 생기는 것이라면, 어른의 단순함은 많이 알기 때문에 가능한 것이다. 불필요한 것들을 걸러내고 정말 중요한 것에만 집중할 때, 우리는 진정한 풍요로움을 경험하게 된다. 옷장에 옷이 넘쳐나지만 입을 것이 없다고 느끼는 사람보다, 몇 벌의 옷을 가지고

도 만족하며 자신의 스타일을 확실히 아는 사람이 더 부유하다. 집에 물건이 가득하지만 정작 필요한 것을 찾지 못해 헤매는 사람보다, 깔끔하게 정리된 공간에서 여유롭게 생활하는 사람이 더 풍요롭다. 단순함은 삶의 본질에 집중할 수 있는 공간과 시간을 만들어준다. 복잡함에 둘러싸인 현대인에게 단순함은 선택이 아니라 필수다. 단순함을 통해 우리는 정말 중요한 것이 무엇인지 명확히 볼 수 있고, 그것에 온 에너지를 집중할 수 있다.

욕심을 줄인다는 것은 욕망 자체를 억압하거나 금욕적인 삶을 살자는 것이 아니다. 대신 욕망을 지혜롭게 다루고, 진정으로 필요한 것과 단순한 욕구를 구분하는 분별력을 기르는 것이다. 스스로에게 물어보자. '이것이 정말로 내 삶을 더 풍요롭게 만들어줄까? 아니면 단순히 일시적인 만족감을 주는 것일까?' 이런 질문을 습관적으로 던지면 점차 현명한 선택을 할 수 있게 된다. 욕망이 일어날 때마다 그것을 무조건 충족시키려 하지 말고, 잠시 멈춰서 관찰해보는 건 어떨까. 그 욕망이 어디에서 오는지, 정말로 필요한 것인지, 충족시키지 않으면 어떤 일이 일어날지 생각해보자. 대부분의 경우 우리가 반드시 가져야 한다고 생각하는 것들은 실제로는 없어도 충분히 행복할 수 있는 것들이다. 욕망을 지혜롭게 다루는 능력이야말로 진정한 부의 원천이다.

지금 내 삶을 한번 돌아보자. 정말로 부족한 것이 무엇인지, 아니면 이미 충분히 가지고 있는 것은 무엇인지 냉정하게 평가해보는 것이다. 건강, 관계, 능력, 경험, 추억 등 돈으로 살 수 없는 소중한 것들을 얼마나 가지고 있는지 생각해보자. 아마도 우리는 이미 상당히 부유한 사람일 것이다. 문제는 그걸 인식하지 못하고 있다는 것이다. 세네카는 이렇게 물었다. "부의 적절한 한계가 무엇이냐고? 첫째는 필요한 것을 갖는 것이고, 둘째는 충분한 것을 갖는 것이다." 진정한 부자는 많이 가진 사람이 아니라 적게 필요로 하는 사람이다. 욕심을 줄일 때 우리는 비로소 이미 가진 것의 참된 가치를 발견하게 되고, 그 순간 우리는 세상에서 가장 부유한 사람이 된다.

"진정한 부자는 많이 가진 사람이 아니라,
적게 필요로 하는 사람이다."

욕망에는 끝이 없고, 필요에는 한계가 있다

"자연적 욕망에는 한계가 있지만,
거짓된 의견에서 나온 욕망은 끝이 없다."
— 세네카, 『루킬리우스에게 보내는 도덕 편지』 제16서

이삿짐을 싸다 보면 놀라운 사실을 발견하게 된다. 옷장 깊숙이 몇 년째 손도 대지 않은 옷들, 서랍 속에 잠자고 있는 물건들, 한 번 쓰고 방치된 것들이 끝없이 나온다. 그 순간 우리는 깨닫는다. '내가 이걸 왜 샀지?' '이게 있는 줄도 몰랐네.' 가지고 있다고 생각했던 것들의 대부분은 실제로 내 삶에 아무런 역할도 하지 않고 있었다. 세네카는 당대 최고의 부와 권력 속에서 살았지만, 역설적으로 그 안에서 진정한 필요와 만들어진 욕망의 차이를 명확하게 구분할 수 있었다. 그는 자신의 경험을 통해 물질적 풍요가 반드시 정신적 만족으로 이어지지 않는다는 것을 깨달았고, 오히려 과도한 소유가 인간의 자유를 제약한다는 사실을 발견했다. 인간의 몸과 마음이 정말로 필요로 하는 것은 많지 않다. 그리고 대부분 조금만 신경 쓰면 채울 수 있는 것들이다. 우리가 지치도록 애쓰는 대상은 대부분 불필요한 것들이다. 이 통찰은 소비주의가 극에 달한 현대 사회에서 더욱 빛을 발한다. 우리는 본질적인 필요와 매일 수많은 마케팅 메시지에 노출되면서 만들어진 욕구를 구분하지 못한 채 살아가고 있다. 세네카의 지혜는 바로 이 혼란 속에서 우리가 진정으로 필요한 것이 무엇인지, 그리고 어떻게 하면 더 자유롭고 평화로운 삶을 살 수 있는지에 대한 명확한 방향을 제시한다.

현대 사회는 끊임없이 우리에게 더 많은 것을 원하도록 부추긴다. 최신 스마트폰, 큰 집, 비싼 옷, 더 많은 경험들을 소유해야만 행복할 수 있다고 속삭인다. 하지만 자연을 관찰해보면 이런 주장이 얼마나 허무한 것인지 알 수 있다. 나무는 자신이 필요한 만큼의 햇빛과 물, 그리고 영양분만 취하고 그 이상을 욕심내지 않는다. 새들은 자신과 새끼들을 보호할 수 있는 둥지만 있으면 만족하며, 더 화려한 둥지를 부러워하지 않는다. 자연의 모든 생명체들은 본능적으로 자신의 진정한 필요가 무엇인지 알고 있고, 그 필요만 충족되면 평화롭고 조화로운 삶을 살아간다. 인간만이 유일하게 자신의 기본적 욕구를 넘어선 과도한 욕망에 시달리고 있다. 우리는 음식이 필요하지만 늘 특별한 맛을 좇고, 거처가 필요하지만 궁전 같은 집을 꿈꾼다. 자연적인 욕망에는 한계가 있지만 거짓된 의견에서 나온 욕망은 끝이 없다. 이런 인위적 욕구들은 대부분 사회가 만들어낸 기준이나 타인과의 비교에서 나온 것이지, 우리의 본질적 행복과는 무관한 경우가 많다.

우리가 '필요하다'고 느끼는 것 중 진짜 필요한 건 얼마나 될까? 이 질문에 답할 수 있다면 삶은 훨씬 단순해진다. 진짜 필요와 만들어진 욕구를 구분하는 능력은 현대인이 반드시 갖춰야 할 중요한 지혜다. 우선 새로운 물건을 사려고 할 때, 잠시 멈추고 스스로에게 물어보자. 이것이 나의 기본적 욕구를 충족시키는 것인지, 아니면 단순히 소유하고 싶은 욕망인지를 냉정하게 판단해보는 것이다. 예를 들어, 옷을 살 때 '이 옷이 나를 따뜻하게 하고 단정하게 보이게 하는가'라는 기본적 질문과 '이 브랜드 옷을 입으면 다른 사람들이 나를 어떻게 볼까'라는 부가적 질문을 구분해야 한다. 전자는 자연이 요구하는 진정한 필요이고, 후자는 사회가 만들어낸 인위적 욕구다. 음식을 먹을 때도 마찬가지다. 배고픔을 달래고 건강을 유지하기 위한 식사와 스트레스를 해소하거나 자신을 과시하기 위한 식사는 근본적으로 다르다. 이런 구분을 명확히 할수록 우리는 진정으로 만족스러운 삶을 살 수 있게 된다.

단순한 삶이 주는 정신적 자유는 경험해본 사람만이 알 수 있는 깊은 평화다. 물질적 소유물이 줄어들면 그것을 관리하고 걱정해야 할 일도 함께 사라진다. 옷장에 옷이 적으면 아침에 무엇을 입을지 고민하는 시간이 줄어들고, 집안의 물건이 적으면 정리정돈에 드는 시간과 에너지도 절약된다. 더 중요한 것은 소유물에 대한 집착과 불안에서 벗어날 수 있다는 점이다. 비싼 물건들을 많이 가지고 있으면 그것들을 잃을까 봐 걱정하게 되고, 더 나은 것들과 비교하며 불만족을 느끼게 된다. 하지만 진정으로 필요한 것들만 소유하고 있으면 이런 불안에서 자유로워진다. 세네카가 말했듯, 적게 가진 자가 아니라 더 많이 갈망하는 자가 진짜 가난한 사람이다. 마음의 여유가 생기고, 물질적 걱정 대신 정신적 성장과 인간관계에 더 많은 관심을 쏟을 수 있게 된다. 단순함은 곧 자유다. 물건들의 무게에서 벗어나 진정으로 중요한 것들에 집중할 수 있는 자유를 선사한다.

미니멀 라이프는 단순히 물건을 적게 갖는 것이 아니라 필요와 욕망을 구분하는 연습이다. 우리가 소유한 물건 하나하나는 우리의 시간과 에너지, 그리고 관심을 요구한다. 집안을 가득 채운 물건들은 우리의 정신적 공간도 함께 차지한다. 어수선한 공간에서는 어수선한 마음이 나오기 쉽다. 반면 깔끔하고 정리된 공간에서는 마음도 평온해지고 집중력도 높아진다. 미니멀 라이프를 실천하는 것은 곧 자신의 삶에서 진정으로 가치 있는 것들만을 선별하는 과정이다. 이 과정에서 우리는 자연스럽게 자신이 무엇을 진정으로 원하는지, 어떤 삶을 살고 싶어 하는지에 대해 깊이 생각하게 된다. 물건을 줄이는 것은 단순히 공간을 비우는 것이 아니다. 정말 소중한 것이 무엇인지 눈에 들어오게 만드는 과정이다.

기본적 욕구의 충족에서 오는 진정한 만족감은 그 어떤 사치품도 줄 수 없는 깊은 평안이다. 배고플 때 먹는 단순한 음식의 맛, 피곤할 때 누울 수 있는 편안한 잠자리, 추위에서 벗어날 수 있는 따뜻한 공간의 소중함을 제대로 느껴본 사람은 진정한 풍요로움이 무엇인지 안다. 이런 기본적 만족은 외부의 평가나 비교와 무관하게 순수하고 직접적이다. 값비싼 요리보다 배고플 때 먹는 간단한 식사가 더 맛있고, 화려한 침실보다 피곤할 때 누울 수 있는 침대가 더 소중하다. 세네카의 통찰은 분명하다. 우리는 어떤 것 없이 실제로 지내보기 전에는, 그것이 얼마나 불필요한 것이었는지 깨닫지 못한다. 기본적 욕구가 충족되었을 때의 감사함과 만족감은 어떤 과시적 소비도 따라올 수 없는 깊이가 있다. 이것이 바로 필요와 욕망의 차이다. 필요가 충족되면 만족이 오지만, 욕망은 채워도 또 다른 욕망을 부른다. 더 많이 가져야 더 행복할 것이라는 착각에서 벗어나 지금 가진 것들의 가치를 제대로 인식할 때, 우리는 진정한 풍요를 경험할 수 있다.

문제는 결정이 너무 많다는 것이다. 그리고 대부분은 별로 중요하지도 않다. 우리는 매일 수많은 선택과 결정에 직면하면서 정작 중요한 것들을 놓치기 쉽다. 어떤 옷을 입을지, 어떤 음식을 먹을지, 어떤 브랜드를 선택할지 같은 사소한 결정들에 과도한 시간과 에너지를 소모하는 동안 정작 삶의 방향성이나 가치관, 인간관계 같은 본질적인 문제들은 뒤로 밀려난다. 복잡함을 줄인다는 것은 이런 사소한 선택들을 단순화하여 정말 중요한 일들에 집중할 수 있는 여유를 만드는 것이다. 스티브 잡스가 매일 같은 스타일의 옷을 입었던 것도 옷을 선택하는 데 드는 정신적 에너지를 절약하여 더 창조적인 일에 집중하기 위해서였다. 이처럼 삶을 단순화하면 우리의 의사결정 능력을 정말 중요한 곳에 집중시킬 수 있게 된다. 작은 것에 에너지를 낭비하지 않는 사람이 큰 것을 해낼 수 있다.

자연의 단순함을 배우는 것은 삶의 리듬을 자연스럽게 회복하는 길이기도 하다. 자연에는 서두름이 없다. 나무는 자신의 속도로 자라고, 꽃은 제때 피고 진다. 계절도 자연스럽게 변화하면서 각각의 아름다움을 보여준다. 하지만 현대인들은 모든 것을 빨리, 더 많이, 더 효율적으로 하려고 애쓰면서 자연스러운 삶의 리듬을 잃어버렸다. 단순한 삶으로 돌아간다는 것은 이런 인위적인 속도와 복잡성에서 벗어나 자신만의 자연스러운 리듬을 찾는 것을 의미한다. 충분히 쉬고, 충분히 음미하고, 충분히 감사할 줄 아는 삶이다. 바쁘게 지나가느라 놓쳤던 것들이 눈에 들어오기 시작한다. 자연의 속도로 살아간다는 것은 느림을 의미하는 것이 아니라 자신에게 맞는 적절한 속도를 찾는 것이다. 이런 리듬 속에서 우리는 진정한 평화와 만족을 발견할 수 있다.

그러나 단순하게 살겠다고 마음먹어도 세상은 쉽게 놔두

지 않는다. 우리 주변은 끊임없이 더 많이 소비하라고 부추기는 메시지들로 가득 차 있다. 광고는 우리의 부족함과 결핍을 자극하고, 소셜미디어는 타인과의 비교를 통해 새로운 욕망을 만들어낸다. 그래서 단순함은 한 번의 결심이 아니라 의식적이고 지속적인 노력이 필요하다. 무엇보다 들어오는 것을 막는 것만큼 이미 있는 것을 내보내는 습관도 중요하다. 옷장을 열었을 때 '이게 있었나?' 싶은 물건이 보이면, 그건 없어도 되는 물건이다. 이사할 때가 아니어도 가끔 짐을 싸는 것처럼 물건을 들여다보자. '이걸 다시 살까?'에 망설여진다면 보내줄 때가 된 것이다. 처음엔 아깝다는 생각이 들지만, 비워내고 나면 이상하게 마음이 가벼워진다. 이 과정을 반복하다 보면 새로운 물건 앞에서도 한 번 더 생각하게 된다. 이런 실천을 통해 우리는 점차 외부의 유혹에 흔들리지 않는 내적 기준을 형성할 수 있게 된다. 단순함을 선택하는 것은 때로는 사회의 흐름에 반하는 용기 있는 결단이지만, 그 결과로 얻는 자유와 평화는 그 어떤 대가와도 바꿀 수 없다.

자연이 요구하는 단순함을 받아들이는 과정에서 우리는 무엇이 진짜 필요였고 무엇이 만들어진 욕망이었는지 구분할 수 있게 된다. 그 구분이 명확해질수록 삶은 가벼워진다. 예전에는 꼭 가져야 할 것 같았던 것들이 별것 아닌 것으로 보이기 시작한다. 광고를 봐도 쉽게 흔들리지 않고, 남들이 뭘 샀다는 얘기를 들어도 부럽지 않다. 이런 관점에서 보면 불필요한 것을 내려놓은 사람이 모든 것을 움켜쥐려는 사람보다 훨씬 더 자유롭다. 자연의 지혜를 따라 단순하게 살아가는 사람은 가진 것은 적어도 그것으로 충분하다는 확신 속에서 평온을 누린다. 필요한 것이 채워져 있다는 확신이 생기면, 더 이상 불안하게 무언가를 쫓지 않아도 된다. 소유의 부담에서 벗어난 자유로움, 비교와 경쟁에서 벗어난 평온함, 진정한 필요가 충족되었을 때의 깊은 만족감 같은 것들은 돈으로 살 수 없는 진정한 보물들이다. 이런 보물들을 발견한 사람은 외부 상황이 어떻게 변하든 흔들리지 않는 내적 안정감을 가질 수 있다.

자연이 당신에게 요구하는 것은 정말 적다. 건강한 몸을 위한 적당한 음식과 휴식, 안전한 거처, 사랑하는 사람들과의 관계, 그리고 자신의 재능을 발휘할 수 있는 기회 정도이다. 그 외의 많은 것들은 사회가 만들어낸 기준이거나 타인과의 비교에서 나온 인위적 욕구일 가능성이 높다. 세네카의 지혜에 따라 필요와 욕망을 구분할 줄 알게 되면, 우리는 불필요한 것에 끌려다니지 않는 자유와 평화를 경험할 수 있다. 복잡함에 얽매이지 않고 본질에 집중하며, 소유의 부담 대신 가벼운 삶을 선택하는 것이다. 필요한 것만 남겼을 때, 비로소 정말 소중한 것이 보이기 시작한다.

"욕망은 채울수록 커지지만,
필요는 채우면 멈춘다.
그 차이를 아는 것이
단순한 삶의 시작이다."

배움을 멈추면 늙기 시작한다

"사는 한 배워야 한다.
그리고 이 격언이 가장 잘 들어맞는 것은
바로 이것이다.
사는 동안 어떻게 살아야 하는지 배워야 한다."

— 세네카, 『루킬리우스에게 보내는 도덕 편지』 제76서

60대에 스마트폰 사용법을 배우는 아버지, 70대에 유튜브를 시작한 할머니, 80대에 영어 회화를 독학하는 할아버지. 주변에서 이런 분들을 보면 대단하다고 생각하면서도, 한편으로는 '저 나이에 굳이?'라는 생각이 들 수 있다. 그러나 세네카는 이렇게 되물었다. 오랫동안 배우지 않았다는 이유로 더 이상 배우지 않는 것이야말로 더 어리석은 일 아니냐는 것이다. 네로 황제의 스승이었던 세네카조차 평생 배움을 멈추지 않았다. 우리는 모두 누군가에게는 선배이고 스승이며, 동시에 누군가에게는 후배이자 제자다. 진정한 지혜는 자신이 아직 모르는 것이 많다는 사실을 인정하는 겸손함에서 시작된다.

현대 사회는 그 어느 때보다 빠른 속도로 변화하며 우리를 둘러싸고 있다. 기술의 발전은 우리가 학교에서 배운 지식을 순식간에 구식으로 만들며, 새로운 직업들이 생겨나고 기존의 직업들이 사라지는 속도가 점점 빨라지고 있다. 인공지능과 자동화 기술이 인간의 많은 업무를 대체하고 있는 이 시대에, 평생학습은 선택이 아닌 필수가 되었다. 한때 대학 교육이 평생 써먹을 지식을 제공한다고 여겨졌던 시절은 이미 지나갔다. 이제는 졸업 후에도 계속해서 새로운 기술을 익히고, 새로운 사고방식을 받아들이며, 새로운 분야의 지식을 습득해야만 시대에 뒤처지지 않을 수 있다. 이런 변화가 두렵기만 할까? 오히려 어제의 나와 다른 사람이 될 수 있는 기회이기도 하다. 배움은 살아남기 위한 몸부림이 아니다. 더 깊이 있는 삶을 위한 선택이다.

나이는 학습에 있어서 걸림돌이 될 수 없다. 오히려 나이가 들수록 더 깊이 있는 학습이 가능해진다. 젊을 때의 학습이 주로 정보와 기능의 습득에 집중된다면, 성숙한 시기의 학습은 지혜의 축적과 통찰력의 개발로 이어진다. 경험이 쌓일수록 새로운 지식을 기존의 경험과 연결하여 더욱 풍부하고 입체적인 이해를 할 수 있게 된다. 세네카가 말했듯이, 모든 나이의 사람들이 배움의 문을 두드릴 수 있다. 젊은이들을 따라 배우며 늙어가는 것이 무엇이 문제란 말인가. 많은 사람들이 나이를 핑계로 새로운 것을 배우기를 꺼리지만, 이는 스스로에게 한계를 설정하는 일이다. 지적 호기심은 나이와 상관없이 인간의 아름다운 특성 중 하나다. 70세에 새로운 언어를 배우고, 80세에 컴퓨터를 익히는 사람들. 그들이 진짜 배우는 건 기술이 아니다. '아직 끝나지 않았다'는 감각과 삶에 대한 적극적이고 열정적인 태도다. 그 감각이 사람을 늙지 않게 만든다.

실패와 시행착오는 학습 과정에서 피할 수 없는, 아니 오히려 필수적인 요소다. 완벽하게 계획된 학습만을 추구하다 보면 실제로는 아무것도 배우지 못하는 결과를 낳을 수 있다. 실패는 우리에게 책에서 배울 수 없는 소중한 교훈을 제공한다. 실패를 통해 우리는 자신의 한계를 정확히 파악하게 되고, 어떤 방법이 효과적이지 않은지를 명확히 알게 된다. 또한 실패를 극복하는 과정에서 우리는 회복력과 인내심을 기르게 된다. 성공만을 경험한 사람보다 실패를 겪고 이를 극복한 사람이 더 깊은 지혜를 가지게 되는 이유가 여기에 있다. 실패에 대한 두려움 때문에 새로운 도전을 피하는 것은 학습의 기회를 스스로 차단하는 일이다. 실패를 학습의 일부로 받아들이고, 각각의 실패에서 배울 점을 찾아내는 자세야말로 진정한 학습자의 태도라고 할 수 있다. 실패는 끝이 아니라 새로운 시작이며, 더 나은 방법을 찾아가는 과정의 한 단계일 뿐이다.

겸손한 마음으로 타인에게서 배우는 것은 학습의 가장 효율적이고 아름다운 방법 중 하나다. 우리 주변의 모든 사람은 각자의 경험과 지식을 가지고 있으며, 이는 우리에게 배움의 기회를 제공한다. 나이가 어린 사람에게서도, 학력이 낮은 사람에게서도, 전혀 다른 분야에서 일하는 사람에게서도 배울 점을 찾을 수 있다. 하지만 이를 위해서는 자신이 이미 알고 있다는 착각에서 벗어나야 한다. '나는 이미 충분히 안다'는 생각은 학습의 가장 큰 적이다. 정말 지혜로운 사람은 자신이 모르는 것이 많다는 사실을 인정하고, 언제 어디서든 배울 준비가 되어 있는 사람이다. 대화할 때도 자신의 의견을 피력하기보다는 상대방의 관점을 이해하려고 노력하고, 새로운 시각을 얻으려고 한다. 이러한 태도는 단순히 지식을 늘리는 것을 넘어서 인간관계를 풍부하게 만들고, 상호 존중하는 소통 문화를 만들어 간다. 가르침과 배움의 경계가 사라지고, 모든 대화가 상호 학습의 기회가 되는 것이다.

배워서 얻는 건 지식만이 아니다. 세상을 보는 눈이 달라진다. 같은 풍경도 아는 만큼 다르게 보인다. 새로운 것을 배우면서 우리는 세상을 보는 새로운 관점을 얻게 되고, 이전에는 보이지 않았던 연결고리를 발견하게 된다. 예술을 배우면 일상에서 아름다움을 발견하는 능력이 향상되고, 역사를 배우면 현재를 더 깊이 이해할 수 있게 되며, 과학을 배우면 자연현상에 대한 경이로움이 커진다. 언어를 배우면 다른 문화를 이해하는 창이 열리고, 철학을 배우면 삶의 근본적인 질문들에 대해 더 깊이 생각하게 된다. 이렇게 축적된 지식과 경험들은 서로 상호작용하며 우리의 사고를 더욱 유연하고 창의적으로 만들어 준다. 학습을 통해 우리는 단순히 정보를 소비하는 수동적인 존재에서 지식을 창조하고 활용하는 능동적인 존재로 변화한다. 이러한 변화는 자신감을 가져다주고 삶에 대한 만족도를 높여준다.

평생 학습의 자세는 또한 우리를 더 나은 스승으로 만들어 준다. 가르치면서 배우고, 배우면서 가르치는 것이다. 계속 배우는 사람만이 진정으로 가르칠 수 있다. 스스로 배움을 멈춘 사람이 어떻게 다른 사람에게 배우는 즐거움과 중요성을 전달할 수 있겠는가? 학습에 대한 열정과 호기심이 살아있는 사람만이 그 열정을 타인에게도 전달할 수 있다. 우리는 모두 누군가의 부모이거나, 선배이거나, 멘토이거나, 동료다. 이러한 관계 속에서 우리는 직접적이든 간접적이든 타인에게 영향을 미치고 있다. 우리의 학습하는 모습은 그 자체로 강력한 교육이다. 아이들은 부모가 하는 말보다 부모가 하는 행동을 더 많이 배운다. 계속해서 새로운 것을 배우고 성장하려고 노력하는 부모의 모습은 아이에게 평생 학습의 중요성을 가르쳐 준다. 마찬가지로 직장에서 새로운 기술을 익히고 전문성을 높이려고 노력하는 선배의 모습은 후배들에게 성장에 대한 동기를 부여한다.

현대 사회에서 학습의 방법과 기회는 그 어느 때보다 다양하고 풍부하다. 온라인 강의, 팟캐스트, 유튜브, 전자책, 오디오북 등 디지털 기술의 발달로 언제 어디서나 원하는 것을 배울 수 있는 환경이 조성되었다. 또한 전문가들과 직접 소통

할 수 있는 플랫폼들도 늘어나고 있어서 예전에는 접근하기 어려웠던 고급 지식도 쉽게 얻을 수 있게 되었다. 하지만 이러한 풍부한 환경이 오히려 선택의 어려움을 가져오기도 한다. 무엇을 배워야 할지, 어떻게 배워야 할지 막막하게 느껴질 수도 있다. 이럴 때 중요한 것은 완벽한 계획을 세우려고 하지 말고, 일단 시작하는 것이다. 호기심이 이끄는 방향으로 첫걸음을 내디디면, 그 과정에서 새로운 관심사가 생겨나고 학습의 방향이 자연스럽게 정해진다. 학습은 목적지가 정해진 여행이 아니라 새로운 풍경을 발견해가는 탐험과 같다.

진정한 학습자는 자신의 무지를 인정하는 용기를 가져야 한다. 소크라테스가 말했듯이 "내가 아는 것은 내가 아무것도 모른다는 것뿐이다"라는 자세야말로 진정한 지혜의 시작이다. 현대 사회에서는 모든 것을 알고 있는 척하는 압력을 받기 쉽다. 소셜미디어에서는 모든 사람이 전문가인 것처럼 보이고, 직장에서는 모르는 것을 인정하기가 쉽지 않다. 하지만 이러한 가면을 쓰고 사는 것은 진정한 성장을 방해할 뿐이다. '모른다'고 말하는 것은 부끄러운 일이 아니라 성장의 출발점이다. 모르는 것을 인정해야만 배울 수 있고, 배워야만 가르칠 수 있다. 이런 순환이 퍼지면 나 혼자 성장하는 게 아니다. 내가 배운 것을 나누고, 누군가는 그걸 다시 다른 사람에게 전한다. 배움이 흐르는 곳에서는 모두가 함께 자란다.

학습과 가르침이 분리되지 않는다는 세네카의 통찰은 현대의 협업 문화에서 더욱 중요한 의미를 가진다. 현대의 복잡한 문제들은 한 사람의 지식만으로는 해결할 수 없으며, 다양한 전문성을 가진 사람들의 협력이 필요하다. 이러한 협력 과정에서 모든 참여자는 동시에 배우는 사람이자 가르치는 사람이 된다. 자신의 전문 분야에서는 다른 사람들을 가르치고, 다른 분야에서는 배움을 받는 것이다. 이러한 상호 학습을 통해 개인은 물론 팀 전체의 역량이 향상된다. 또한 이 과정에서 새로운 아이디어가 생겨나고, 혁신적인 해결책이 도출된다. 평생 학습의 자세를 가진 사람들로 구성된 조직은 변화에 빠르게 적응하고 지속적으로 발전할 수 있는 역량을 갖추게 된다.

그렇다면 세네카가 말하는 평생 학습이 실제로 가능할까? 나이가 들수록 기억력이나 학습 능력이 떨어진다고 걱정하는 사람들이 많다. 물론 일부 인지 기능은 나이와 함께 변화하는 것이 사실이다. 하지만 이것이 학습을 포기해야 할 이유는 되지 않는다. 세네카는 나이가 들어서도 강의를 들으러 다녔다. '좋은 나이에 그러시네요'라는 말이 나올 법도 하다. 그는 미리 답했다. "왜 좋은 나이가 아니겠는가?" 오히려 나이가 들면서 얻게 되는 것들이 더 많다. 풍부한 경험, 깊은 이해력, 인내심, 지혜 등은 모두 더 효율적이고 의미 있는 학습을 가능하게 만드는 요소들이다. 젊을 때는 빠르게 암기할 수 있지만 깊이 이해하지 못했던 것들을, 나이가 들어서는 느리지만 깊이 있게 이해할 수 있게 된다. 또한 다양한 분야의 지식을 연결하여 통합적인 사고를 하는 능력도 경험과 함께 향상된다. 중요한 것은 자신의 학습 스타일이 변화한다는 것을 받아들이고, 그에 맞는 새로운 방법을 찾아가는 것이다.

학습의 동기는 외부에서 주어지는 것이 아니라 내부에서 나와야 지속 가능하다. 승진을 위해서, 남들에게 인정받기 위해서, 경쟁에서 뒤처지지 않기 위해서 하는 학습은 일시적일 수밖에 없다. 진정한 학습의 동기는 호기심, 성장에 대한 욕구, 더 나은 사람이 되고자 하는 열망에서 나와야 한다. 이러한 내적 동기로 하는 학습은 즐거움을 동반하며, 그 결과도 더 오래 지속된다. 배움 자체가 목적이 될 때, 우리는 진정한 학습자가 된다. 새로운 지식을 접할 때마다 느끼는 기쁨, 이해의 순간에 경험하는 쾌감, 성장을 실감할 때의 만족감 등이 학습을 지속하게 만드는 원동력이다. 이러한 감정들은 어떤 외적 보상보다도 강력한 동기가 된다.

지금 이 순간에도 배우고 있는가? 새로운 것을 알게 되었을 때 느끼는 기쁨을 기억하고 있는가? 내가 가진 지식과 경험을 다른 사람과 나누고 있는가? 실패를 두려워하여 새로운 도전을 피하고 있지는 않은가? 나이나 환경을 핑계로 학습을 미루고 있지는 않은가? 내 주변의 사람들에게서 배울 점을 찾으려고 노력하고 있는가? 이러한 질문들에 대한 답을 통해 현재 자신의 학습 자세를 점검해볼 수 있다. 만약 배움에서 멀어져 있다면 지금이 다시 시작할 최적의 때이다. 작은 호기심에서 시작하여 큰 성장으로 이어지는 학습의 여정을 다시 시작해 보자. 사는 한 배워야 한다. 그리고 어떻게 살아야 하는지도 사는 동안 배워야 한다..

"배움을 멈춘 날이 늙기 시작한 날이다."

바꿀 수 없는 것에 에너지를 낭비하지 말라

"운명은 기꺼이 따르는 자를 이끌고,
저항하는 자를 끌고 간다."
— 세네카, 『루킬리우스에게 보내는 도덕 편지』 제107서

비행기가 2시간 지연되었다. 중요한 미팅에 늦게 생겼다. 이때 우리는 두 가지 선택을 할 수 있다. 항공사 직원에게 화를 내고, SNS에 분노의 글을 올리고, 속으로 끊임없이 '왜 하필 오늘'이라고 되뇌는 것. 아니면 지연을 인정하고, 미팅 상대에게 양해를 구한 뒤, 남은 시간에 밀린 이메일을 처리하는 것. 결과는 같다. 비행기는 어차피 2시간 뒤에 이륙한다. 하지만 두 시간을 보내는 방식은 완전히 다르다. 우리는 살면서 수많은 선택의 순간과 마주친다. 그중에서 가장 중요한 선택은 무엇일까? 주어진 현실을 어떻게 받아들일 것인가, 바로 이것이다. '운명'이라는 단어는 때로 체념이나 포기처럼 들리기도 한다. 하지만 세네카가 말한 운명에 대한 순응은 그런 뜻이 아니었다. 현실을 정확히 파악하고, 그 안에서 자신이 할 수 있는 최선을 찾겠다는 적극적인 태도였다. 그는 클레안테스의 시를 인용하며 이렇게 썼다. "운명은 기꺼이 따르는 자를 이끌고, 저항하는 자를 끌고 간다." 어차피 갈 곳은 같다. 끌려갈 것인가, 함께 걸어갈 것인가. 그 선택만이 우리 것이다. 예측 불가능한 변화와 통제할 수 없는 상황이 끊임없이 일어나는 오늘날, 이 지혜는 내면의 평정을 유지하고 진정한 자유를 누리는 열쇠가 된다.

현실을 저항하지 않고 받아들이는 것은 삶의 가장 강력한 지혜 중 하나다. 우리는 종종 원하지 않는 상황이 벌어질 때 그것을 부정하거나 거부하려고 한다. 승진에서 탈락했을 때, 사랑하는 사람과 헤어져야 할 때, 건강에 문제가 생겼을 때, 우리의 첫 번째 반응은 대개 '이럴 리 없다', '받아들일 수 없다'는 것이다. 하지만 현실을 거부한다고 해서 그 현실이 바뀌지는 않는다. 오히려 저항하는 에너지는 우리를 더욱 지치게 만들고, 상황을 객관적으로 파악하는 능력을 흐리게 만든다. 이 질서를 바꿀 수는 없다. 하지만 우리가 할 수 있는 것은 굳건한 마음을 얻어 용기 있게 운명을 견디고 자연과 조화를 이루는 것이다. 현실을 있는 그대로 받아들일 때, 우리는 비로소 그 상황에서 할 수 있는 일이 무엇인지 명확하게 보게 된다. 이것이 바로 세네카가 말하는 '운명을 기꺼이 따르는 사람'의 모습이다.

현실 수용이 가져다주는 가장 큰 변화는 에너지의 재분배이다. 바꿀 수 없는 것에 쓰던 에너지를 바꿀 수 있는 것에 집중하게 된다. 예를 들어, 10년 넘게 준비한 시험에서 떨어졌다고 생각해보자. '왜 나만', '불공평하다'며 분노하는 데 에너지를 쓸 수도 있다. 하지만 그 에너지를 다른 곳에 쓸 수도 있다. 이 시험이 정말 내가 원하는 길이었는지 돌아보거나, 같은 목표를 향한 다른 경로를 찾거나, 아예 새로운 방향을 모색하는 것이다. 결과는 바뀌지 않는다. 하지만 그다음 1년이 완전히 달라진다. 이혼이라는 아픈 현실을 맞이했다면, 과거의 실수나 상대방을 탓하는 대신 앞으로의 새로운 삶을 설계하는 데 집중할 수 있다. 이것은 '다 잘 될 거야'라고 스스로를 위로하는 것과는 다르다. 눈앞의 현실을 똑바로 보면서 내가 움직일 수 있는 영역을 찾아내는 것이다. 위로가 아니라 전략이다.

바꿀 수 없는 상황에서 새로운 기회를 발견하는 능력은

진정한 생존의 기술이다. 역사상 가장 위대한 성취들은 종종 예상치 못한 역경 속에서 탄생했다. 베토벤은 청력을 잃었지만 그 절망 속에서 더욱 깊이 있는 음악을 창조했고, 넬슨 만델라는 27년간의 감옥 생활을 통해 오히려 용서와 화해의 리더십을 완성했다. 이들이 가진 공통점은 불가피한 현실을 받아들이면서도 그 안에서 새로운 가능성을 보는 안목이었다. 우리 역시 일상에서 크고 작은 좌절을 경험하지만, 각각의 상황은 우리가 미처 발견하지 못한 새로운 측면을 드러내는 기회가 될 수 있다. 실직은 새로운 분야에 도전할 기회가 될 수 있고, 질병은 건강의 소중함과 함께 삶의 우선순위를 재정립할 기회가 될 수 있다. 중요한 것은 이러한 기회들이 저절로 보이는 것이 아니라 우리가 적극적으로 찾으려는 노력을 기울일 때만 발견된다는 점이다.

그렇다면 어디까지 받아들이고, 어디서부터 바꾸려 해야 할까? 운명과 자유의지의 균형점을 찾는 것이 핵심이다. 모든 것이 운명에 의해 결정된다고 믿으면 우리는 무기력해지고, 모든 것을 자신의 의지로 통제할 수 있다고 믿으면 우리는 교만해진다. 세네카가 제시하는 지혜는 이 두 극단 사이에서 균형을 찾는 것이다. 우리에게는 선택할 수 없는 것들이 있다. 태어난 가정, 타고난 재능, 자연재해, 다른 사람의 결정 등은 우리가 선택한 것이 아니다. 하지만 그것을 어떻게 받아들일지, 그다음 무엇을 할지는 여전히 우리 몫이다. 순응은 포기가 아니다. '이것이 내 현실이다'라고 인정하는 순간, 비로소 다음 걸음을 뗄 수 있다.

이 태도는 하루아침에 만들어지지 않는다. 작은 것부터 연습이 필요하다. 동료의 무례한 말에 상처를 받았다고 해보자. 그 말은 되돌릴 수 없다. 여기서 '저 사람이 왜 그랬을까, 내가 뭘 잘못했나'를 며칠씩 곱씹을 수도 있고, '그런 일이 있었다'고 인정한 뒤 내 할 일로 돌아올 수도 있다. 갑자기 비가 쏟아져 약속에 늦게 되었다면, 날씨를 원망하며 짜증을 낼 수도 있고, 젖은 채로 웃으며 도착할 수도 있다. 이런 식으로 일상의 모든 순간을 의식적으로 분석하고 선택하는 연습을 통해 우리는 점차 운명과 자유의지의 경계를 명확히 구분할 수 있게 된다. 일상의 작은 불편함을 받아들이는 연습이 쌓이면, 정말 큰 일이 닥쳤을 때도 끌려가지 않을 수 있다.

역경을 통해 발견하는 내면의 힘은 인간의 가장 놀라운 능력 중 하나다. 우리는 평상시에 자신이 얼마나 강한 존재인지 모르고 지낸다. 편안하고 예측 가능한 일상 속에서는 우리의 진정한 역량이 드러날 기회가 없기 때문이다. 하지만 예상치 못한 시련이 찾아올 때, 우리는 자신 안에 숨어있던 놀라운 회복력과 적응력을 발견하게 된다. 부모를 잃은 슬픔 속에서도 삶을 이어가는 힘, 사업 실패의 절망 속에서도 다시 일어서는 용기, 질병과 싸우면서도 희망을 잃지 않는 의지 등은 모두 역경이 우리에게 가르쳐주는 내면의 보물들이다. 세네카는 인생을 긴 여행에 비유했다. 여행길에서는 미끄러지고, 부딪히고, 넘어지고, 지치는 일이 당연하다. 오히려 그런 일이 없다면 제대로 된 여행이 아니다. 중요한 건 넘어지지 않는 것이 아니라 넘어질 때마다 무언가를 알게 된다는 것이다. 처음 넘어졌을 때는 아프기만 했던 것이 두 번째는 덜 아프고, 세 번째는 넘어지기 전에 징조가 보이기 시작한다.

회복력은 타고나는 것이 아니다. 어떤 사람들은 작은 실패에도 쉽게 좌절하는 반면, 어떤 사람들은 큰 시련에도 금방 회복하는 모습을 보인다. 이 차이는 어디서 오는 걸까? 역경 자체가 아니라 역경을 바라보는 눈이 다른 것이다. 회복력이 강한 사람들은 실패를 학습의 기회로 보고, 시련을 성장의 과정으로 받아들인다. 그들은 현재의 어려움이 영원히 지속되지 않는다는 것을 알고 있으며, 시간이 치유와 변화를 가져다 준다는 사실을 신뢰한다. '원래 이런 일은 일어나게 되어 있다'는 전제를 갖고 있다는 것이다. 겨울이 오면 춥고, 여름이 오면 덥다. 이걸 불평해봐야 계절이 바뀌지 않는다. 세네카는 인생도 마찬가지라고 했다. 순응하는 사람은 '왜 하필 나에게'라고 묻지 않는다. 대신 '이제 어떻게 할까'를 묻는다. 이 질문의 차이가 회복 속도를 결정한다.

여기서 한 가지 오해를 풀어야 한다. 순응은 체념이 아니다. 겉으로는 비슷해 보인다. 겉보기에는 둘 다 저항하지 않아서 비슷해 보이지만, 그 내면은 전혀 다르다. 체념하는 사람은 이렇게 말한다. '어차피 뭘 해도 안 돼.' 그리고 멈춘다. 순응하는 사람은 이렇게 말한다. '이건 안 되는구나. 그럼 다른 건 뭐가 있지?' 그리고 움직인다. 체념은 에너지를 빼앗지만, 순응은 에너지를 돌려준다. 바꿀 수 없는 것에 쓰던 힘을 바꿀 수 있는 곳에 쓸 수 있게 되기 때문이다.

순응의 지혜를 일상에서 어떻게 실천할 수 있을까? 거창한 것이 아니다. 매일 아침 눈을 뜰 때 이렇게 생각해보자. '오늘 무슨 일이 생기든, 그 안에서 내가 할 수 있는 것을 찾겠다.' 이 한 문장이 하루를 대하는 태도를 바꿔준다. 그리고 예상치 못한 일이 벌어졌을 때, 바로 반응하지 말고 잠시 멈춰보자. '이걸 내가 바꿀 수 있나?' 바꿀 수 없다면 받아들이고, 바꿀 수 있다면 움직이면 된다. 이 잠깐의 멈춤이 습관이 되면 감정에 끌려다니는 시간이 줄어든다. 운명이 우리를 찾아왔을 때, 준비되고 깨어 있는 상태로 맞이하자. 준비된 사람은 당황하지 않는다. 이미 어떤 일이든 일어날 수 있다는 걸 알고 있기 때문이다.

오늘날 이 지혜가 더 절실한 이유가 있다. 변화의 속도가 빨라졌기 때문이다. 부모 세대는 한 직장에서 평생을 보낼 수 있었다. 지금은 몇 년마다 새로운 기술이 등장하고, 어제의 정답이 오늘의 오답이 된다. 이런 시대에 '원래 이랬는데'라며 버티는 사람과 '이제 이렇구나'라며 방향을 트는 사람, 누가 더 오래 갈 수 있을까? 코로나19 팬데믹은 이러한 현실을 극명하게 보여주었다. 갑작스러운 환경 변화에 저항하기보다는 순응하면서 새로운 기회를 찾은 사람들과 기업들이 더 잘 살아남았다. 재택근무라는 새로운 방식에 빠르게 적응한 사람들은 일과 삶의 균형을 더 잘 맞출 수 있었고, 온라인 비즈니스로 전환한 기업들은 새로운 시장을 개척할 수 있었다.

이들의 공통점은 변화를 거부하지 않고 그 안에서 가능성을 본 것이다. 변화를 거부하는 것은 파도에 맞서 서 있는 것과 같다. 버티다 보면 금세 지치고, 결국 쓰러진다. 파도를 타는 법을 배우는 사람만이 앞으로 나아간다.

지금 떠오르는 것이 있는가? 받아들이지 못해서 계속 에너지를 쏟고 있는 상황 말이다. 그것이 무엇이든, 한번 물어보자. '만약 이걸 인정하면 어떻게 될까?' 아마 생각보다 무섭지 않을 것이다. 오히려 다음이 보이기 시작할 것이다. 세네카의 지혜는 결국 이것이다. 흐름을 거스르지 말고, 그 안에서 내 방향을 찾으라는 것. 강물을 거슬러 올라가는 것은 불가능하다. 하지만 물살을 읽고 노를 젓는 방향을 조절하는 것은 가능하다. 운명이 우리를 어디론가 데려갈 때, 끌려가는 사람과 함께 걸어가는 사람은 같은 곳에 도착해도 완전히 다른 상태로 도착한다. 선택은 우리 몫이다.

"운명이 우리를 준비되고 깨어 있는 상태로 발견하게 하자."

생각만 하는 사람, 움직이기만 하는 사람

"삶의 대부분은
잘못 행하는 자에게서 흘러가고,
가장 많은 부분은
아무것도 행하지 않는 자에게서 흘러가며,
전부는
다른 일을 하는 자에게서 흘러간다."

— 세네카, 『인생의 짧음에 관하여』

스마트폰에 자기개발 앱이 네 개쯤 깔려 있다. 습관 관리 앱, 독서 기록 앱, 명상 앱, 운동 앱. 그런데 이상한 일이다. 앱은 늘어나는데 습관은 그대로다. 명상 앱을 깔아놓고 명상은 한 번도 안 했고, 독서 앱에 읽고 싶은 책은 100권이 넘는데 실제로 읽은 책은 손에 꼽는다. 생산성을 높이는 방법에 관한 유튜브 영상을 두 시간 동안 보고 나면 뭔가 한 것 같은 기분이 드는데, 정작 그 두 시간 동안 생산성은 떨어졌다. 아는 것은 계속 늘어나는데, 사는 것은 그대로인 기분이다. 정반대의 사람도 있다. 생각보다 행동이 먼저인 사람, 일단 부딪히고 보는 사람이다. 처음에는 추진력 있어 보이지만 시간이 지나면 같은 실수를 반복하고, 왜 그렇게 해야 하는지도, 어디로 향하고 있는지도 모른 채 바쁘게만 움직인다. 세네카는 이 두 가지 극단을 모두 경계했다. 그는 "철학은 말하는 것이 아니라 행하는 것을 가르친다."고 말했다. 행동 없는 철학은 공허하고, 철학 없는 행동은 맹목적이다. 진정한 지혜는 깊이 있는 사유와 구체적인 실천이 만날 때 비로소 완성된다.

현대인들이 흔히 빠지는 함정 중 하나가 바로 '지식 수집가'가 되는 것이다. 책을 읽고, 강의를 듣고, 온갖 자기계발 콘텐츠를 소비하면서 마치 무언가 대단한 것을 성취한 듯한 착각에 빠진다. 유튜브에서 운동 영상을 두 시간 보고 나면 운동을 한 것 같은 기분이 든다. 하지만 몸은 그대로다. 건강한 식단에 대해 완벽하게 알고 있으면서도 여전히 인스턴트 음식을 먹고, 시간 관리의 중요성을 누구보다 잘 알면서도 계속 미루기를 반복한다. 이는 철학적 사유와 실제 행동 사이에 깊은 골이 있음을 보여준다. 이것이 바로 아는 것과 사는 것의 차이다. 진정한 학습은 아는 것에서 끝나는 것이 아니라 실천을 통해 체화되는 과정까지를 포함한다. 지식이 삶으로 스며들지 않는다면 그것은 단순한 정보의 축적에 불과하다.

반대편 극단에는 '무작정 행동파'들이 있다. 이들은 생각보다는 일단 행동하는 것이 중요하다며 끊임없이 바쁘게 움직인다. 목표를 세우고 계획을 짜는 것은 시간 낭비라고 생각하며, 직관과 감정에 의존해서 즉흥적으로 결정을 내린다. 처음에는 역동적이고 추진력 있어 보이지만, 시간이 지날수록 같은 실수를 반복하거나 원점으로 돌아가는 일이 잦다. 명확한 원칙이나 가치관 없이 행동하다 보니 일관성이 부족하고, 어려운 상황에 직면하면 어떻게 대처해야 할지 갈피를 잡지 못한다. 세네카의 말대로, 어느 항구로 가야 할지 모르는 사람에게는 어떤 바람도 순풍이 될 수 없다. 열심히 항해하고 있지만 목적지가 없으면 그저 바다 위를 떠도는 것에 불과하다.

진정한 지혜로운 삶은 이 두 극단 사이의 균형점에서 발견된다. 먼저 올바른 철학적 토대를 갖추는 것이 필요하다. 자신만의 가치관과 인생관을 명확히 하고, 무엇이 옳고 그른지에 대한 기준을 세워야 한다. 이는 지속적인 성찰과 학습을 통해 점진적으로 형성된다. 다양한 철학자들의 지혜를 배우고, 역사와 경험을 통해 검증된 원칙들을 받아들이되, 맹목적으로 따르기보다는 자신의 상황과 맥락에 맞게 재해석하고 내재화해야 한다. 동시에 이러한 철학적 사유가 추상적 관념에 머무르지 않도록 구체적인 행동 계획으로 연결시켜야 한다. 좋은 철학은 반드시 실천 가능한 형태로 변환될 수 있어야 하며, 일상 속 작은 선택과 행동에 반영되어야 한다.

많은 사람들이 '언젠가는 실행하겠다'는 말로 자신을 위안한다. 좋은 책을 읽으면서 '정말 좋은 내용이네, 꼭 실천해야지.'라고 다짐하지만 며칠 지나면 잊어버린다. 이런 패턴이 반복되면 자신에 대한 신뢰마저 잃게 된다. 다짐과 실행 사이의 간극이 벌어질수록 자존감은 떨어지고, 결국 '나는 의지력이 약한 사람'이라는 부정적 자아상에 갇히게 된다. 하지만 문제는 의지력이 아니라 구체성의 부재에 있다. 추상적인 목표를 실행 가능한 단계로 세분화하지 않았기 때문이다. 예를 들어 '건강해지겠다'는 목표를 '매일 아침 7시에 30분씩 걷기'로 구체화하고, '인간관계를 개선하겠다'는 다짐을 '매주 한 명씩 고마운 사람에게 안부 인사하기'로 변환해야 한다. 철학이 행동이 되려면 행동이 구체적이어야 한다.

세네카가 말하는 철학과 행동의 균형은 멀리 있지 않다. 매 순간의 선택에서 드러난다. 화가 날 때 스토아 철학의 가르침을 떠올리며 감정을 조절하려고 노력하는 것, 바쁜 일상에서도 잠시 멈춰 서서 자신의 행동이 가치관과 일치하는지 점검하는 것, 실패나 좌절 앞에서 이를 성장의 기회로 받아들이는 관점을 실제로 적용해 보는 것 등이 모두 이에 해당한다. 철학적 원칙들이 위기의 순간에 실제로 도움이 되어야 한다. 혼란스러운 상황에서 올바른 판단의 기준이 되며, 어려운 결정을 내릴 때 용기와 지혜를 주는 실용적 도구로 기능해야 한다. 이런 경험이 축적될 때 철학은 비로소 살아있는 지혜가 되고, 행동은 더 이상 맹목적이지 않게 된다. 우리는 왜 그렇게 행동하는지 알고, 그 행동이 어떤 결과를 가져올지 예측할 수 있으며, 예상치 못한 상황에서도 당황하지 않고 일관되게 대응할 수 있게 된다.

현대 사회는 특히 이런 균형감각이 필요한 시대다. 정보는 넘쳐나지만 진정한 지혜는 부족하고, 선택지는 많아졌지만 올바른 선택을 하는 능력은 오히려 약해졌다. 음식점 하나를 고르는 데도 리뷰를 백 개씩 읽고, 물건 하나를 사는 데도 비교 영상을 열 개씩 본다. 정보가 많아질수록 결정은 더 어려워지고, 알면 알수록 오히려 움직이지 못한다. 결국 고민만 하다 아무것도 선택하지 못하는 '분석 마비'에 빠진다. 이런 혼란스러운 환경에서 중심을 잡으려면 확고한 철학적 토대와 그것을 실현하는 구체적 실천력이 모두 필요하다. 트렌드에 휩쓸리지 않으면서도 시대의 변화에 적절히 대응하고, 타인의 의견에 흔들리지 않으면서도 열린 마음으로 배울 점은 받아들이는 균형감각이 필요하다.

분석 마비에서 벗어나는 방법은 의외로 간단하다. 아는 것을 바로 행동으로 옮기는 것이다. 좋은 글을 읽었으면 그 자리에서 한 문장이라도 적용해보고, 좋은 조언을 들었으면 오늘 안에 한 번이라도 실천해보는 것이다. 문제는 더 많이 아는 것이 아니다. 이미 알고 있는 것을 행동으로 옮기지 않는 것이 문제다. 건강해지는 방법은 이미 안다. 인간관계를 좋게 하는 방법도 이미 안다. 시간을 잘 쓰는 방법도 이미 안다. 부족한 것은 지식이 아니라 그 지식과 행동 사이의 연결이다. 중요한 것은 행동의 크기가 아니라 자신의 철학과 일관되게 움직이는 것이다. 거창한 계획보다 오늘 당장 할 수 있는 것, 배운 것을 한 번이라도 써먹어보는 것. 그 작은 연결이 철학을 삶으로 바꾸는 시작이다.

그렇다면 아는 것과 행동을 어떻게 연결할 수 있을까? 어렵게 생각할 필요 없다. 일상의 작은 순간에 '왜'를 붙여보는 것이다. 단순히 '오늘 할 일'을 나열하는 것이 아니라 각각의 활동이 어떤 의미를 갖는지 생각해보는 것이다. 출근길에 '오늘 회의에서 내가 기여할 수 있는 것은 무엇일까?'라고 잠깐 생각해보자. 운동할 때 '몸무게를 줄이기 위해서'가 아니라 '내가 나를 관리할 수 있다는 것을 증명하기 위해서'라고 의미를 바꿔보자. 같은 행동이라도 '왜 하는지'를 아는 사람과 모르는 사람은 다르다. 이렇게 일상의 행동에 자신만의 철학적 의미를 부여하면 삶이 훨씬 더 충실해진다.

배움에서도 마찬가지다. 독서나 학습을 할 때도 단순한 정보 수집에 그치지 말고 실천 계획과 연결시키는 습관을 길러보자. 좋은 내용을 읽으면 '이것을 내 삶에 어떻게 적용할 수 있을까?'라는 질문을 던지고, 구체적인 행동 계획을 세워보자. 책에 밑줄을 긋는 것에서 그치지 말고, 핵심 내용을 자신의 언어로 정리하고 실천 방법을 함께 기록해보자. 예를 들어 '경청이 중요하다'라는 문장을 접했다면, '내일 회의에서 상대방 말 끝날 때까지 3초 기다리기'처럼 실천 가능한 형태로 바꾸는 것이다. 일주일에 한 번 정도는 그동안 배운 내용들을 실제로 얼마나 실천했는지 점검하고, 부족한 부분은 보완하는 시간을 가져보자. 아는 것이 힘이 아니다. 실천하는 것이 힘이다.

말과 행동이 일치하는 사람을 만나면 우리는 본능적으로 신뢰감을 느낀다. 반대로 말로는 그럴듯하게 하지만 행동이 따르지 않는 사람과는 깊은 관계를 형성하기 어렵다. 이는 타인과의 관계에서뿐만 아니라 자기 자신과의 관계에서도 마찬가지다. 자신과의 약속을 지키지 않는 사람은 스스로를 믿을 수 없게 된다. 아는 대로 살고, 믿는 대로 행동하는 사람은 자기 자신과의 관계가 단단하다. 그 단단함이 타인과의 관계에서도, 일에서도, 삶의 모든 영역에서 드러난다. 이것이 세네카가 강조한, '철학은 말로 하는 것이 아니라 삶으로 증명하는 것'이다.

세네카는 로마 최고의 권력 옆에서도, 모든 것을 잃고 유배된 섬에서도 같은 원칙으로 살았다. 그에게 철학은 책상 위의 학문이 아니라 삶의 방식이었다. 우리에게 필요한 것은 더 많은 정보가 아니라 올바른 판단력과 실행력이다. 수많은 선택지 앞에서 길을 잃지 않으려면 확고한 원칙과 가치관이 필요하고, 그 원칙들이 공허한 구호에 그치지 않으려면 일상에서 꾸준히 실천되어야 한다. 스스로 물어보자. 지금 배우고 있는 것을 실제로 살고 있는가? 믿는 대로 행동하고 있는가? 아무것도 행하지 않는 사람은 삶의 대부분을 허비한다. 아는 것을 사는 것으로 바꿀 때, 삶은 비로소 내 것이 된다.

"철학은 말로 하는 것이 아니라
삶으로 증명하는 것이다."

피할 수 없다면, 타는 법을 배워라

"모든 것은 변한다.
우리 자신도 그 변화의 일부다."

— 세네카, 『루킬리우스에게 보내는 도덕 편지』 제58서

불과 10년 전만 해도 택시를 타려면 길에서 손을 흔들어야 했다. 지금은 앱 하나로 부를 수 있다. 은행에 가서 줄을 서던 일도 이제는 손가락 몇 번으로 끝난다. 불과 몇 년 사이에 세상은 완전히 달라졌다. 그런데 이 변화 앞에서 사람들의 반응은 극명하게 갈린다. 어떤 사람은 새로운 방식을 금방 익히고, 어떤 사람은 '예전이 더 좋았어'라며 버틴다. 결과는 어떨까. 버티는 사람도 결국 바뀐 세상에서 살아야 한다. 다만 적응한 사람보다 더 힘들게 끌려갈 뿐이다. 운명이 이끄는 자는 따라가고, 거부하는 자는 끌려간다. 변화는 피할 수 없다. 문제는 그 변화를 어떻게 맞이하느냐다.

변화를 두려워하는 것은 자연스러운 본능이다. 인간의 뇌는 예측 가능하고 안전한 환경을 선호하도록 설계되어 있다. 낯선 것은 위험 신호로 인식되고, 익숙한 것은 안전하게 느껴진다. 원시 시대에는 이 본능이 생존에 도움이 되었다. 하지만 지금은 다르다. 변화의 속도가 본능의 속도를 앞질러버렸다. 기술은 몇 년 단위로 바뀌고, 산업 구조는 예측할 수 없이 재편되며, 어제의 정답이 오늘의 오답이 되기도 한다. 이런 시대에 변화를 거부하는 것은 생존 본능이 아니라 생존 위협이 된다. 이런 시대에 변화를 거부하면 시대의 흐름에서 뒤처질 뿐 아니라 정신적으로도 점점 경직되어 간다. 새로운 기술을 배우기 거부하던 사람이 어느새 직장에서 소외되고, 젊은 세대의 문화를 이해하지 못해 자녀와의 대화가 끊기기도 한다. 세네카가 살던 로마 시대보다 지금이 훨씬 빠르게 돌아간다. 하지만 변화 앞에서 인간이 겪는 두려움은 2천 년 전이나 지금이나 똑같다.

변화에 저항하는 사람들의 공통점이 있다. '예전 방식이 더 좋았다'는 믿음이다. 새로운 기술을 배우기 싫어서, 익숙한 방식을 버리기 아까워서, 혹은 단순히 귀찮아서 변화를 외면한다. 처음에는 버틸 수 있는 것처럼 보인다. 하지만 변화를 거부한다고 변화가 멈추지 않는다. 세상은 계속 흘러가고, 거부하는 사람만 제자리에 남는다. 그리고 제자리에 남는다는 것은 결국 뒤처진다는 뜻이다. 세네카는 자연에 순응하여 사는 것이 최고의 삶이라고 말했다. 변화도 자연의 일부다. 거기에 맞서는 것은 파도에 맞서 서 있는 것과 같다. 변화 자체가 고통스러운 게 아니라 변화를 받아들이지 못하는 마음이 고통을 만든다.

그렇다면 변화를 잘 받아들이는 사람들은 뭐가 다를까? 그들은 변화를 적으로 보지 않는다. 오히려 흐름으로 읽는다. '세상이 이쪽으로 가고 있구나. 나도 방향을 틀어야겠다'라고 읽는 것이다. 중요한 건 변화의 내용이 아니라 변화에 대한 태도다. 같은 업계 불황을 맞아도 어떤 사람은 '끝났다'고 주저앉고, 어떤 사람은 '다른 길을 찾아야겠다'고 움직인다. 스마트폰이 보급되면서 기존 사업이 흔들릴 때, 어떤 사람은 '요즘 세상 너무 빨라'라며 한탄만 했고, 어떤 사람은 새로운 플랫폼을 배워서 기회를 잡았다. 상황은 똑같았지만 결과는 완전히 달랐다. 변화 자체는 좋지도 나쁘지도 않다. 그것을 어떻게 해석하고 반응하느냐가 결과를 만든다.

유연함은 약함이 아니다. 바람에 휘어지는 대나무가 부러지지 않고, 물은 어떤 그릇에든 담긴다. 단단하게 버티는 것만이 강함이 아니다. 상황에 따라 형태를 바꾸면서도 본질을 잃지 않는 것, 그것이 진짜 강함이다. 세네카는 이런 유연함을 지혜라고 불렀다. 현명한 사람은 바꿀 수 없는 것 앞에서 저항하느라 에너지를 낭비하지 않는다. 대신 그 에너지를 자신이 바꿀 수 있는 것에 집중한다. 회사의 정책이 바뀌면 정책을 원망하는 대신 새로운 환경에서 어떻게 성과를 낼지 고민한다. 시장이 변하면 시장을 탓하는 대신 새로운 기회가 어디 있는지 찾는다.

변화가 일어나면 두 가지가 동시에 생긴다. 사라지는 것과 생겨나는 것이다. 문제는 대부분의 사람들이 사라지는 것에만 집중한다는 점이다. '이제 이건 안 되겠네', '예전만 못하네'라며 닫히는 문만 바라본다. 하지만 변화를 잘 타는 사람들은 다르다. 그들은 '그럼 대신 뭐가 열리지?'라고 묻는다. AI가 기존 업무를 대체한다며 불안해할 때, 누군가는 AI를 활용한 새로운 서비스를 만들었다. 숏폼 영상이 긴 콘텐츠를 밀어낼 때, 누군가는 1분짜리 영상으로 수억 원을 벌기 시작했다. 변화는 항상 무언가를 가져가지만 동시에 무언가를 가져다준다. 사라지는 것만 보는 사람은 잃고, 생겨나는 것을 보는 사람은 얻는다. 같은 변화 앞에서 결과가 갈리는 이유다.

그렇다고 모든 변화에 무조건 따라가라는 뜻은 아니다. 변화의 흐름에 순응하면서도 자신의 주체성을 잃지 않는 균형감각이야말로 세네카가 말하고자 한 지혜의 핵심이다. 변화를 받아들인다는 것이 자신의 가치관이나 원칙까지 포기한다는 의미는 아니다. 오히려 변하지 않는 핵심 가치를 명확히 하고, 그것을 다양한 상황에서 어떻게 구현할 것인가를 끊임없이 고민해야 한다. 정직, 성실, 배려 같은 보편적 가치들은 시대가 바뀌어도 변하지 않지만, 그것을 표현하는 방식은 상황에 따라 달라질 수 있다. 소통하는 도구는 편지에서 메신저로 바뀌었지만, 진심을 전하는 것의 가치는 변하지 않았다. 비즈니스 환경은 계속 바뀌지만, 신뢰와 성실의 중요성은 여전하다. 유행에 휩쓸려 정체성을 잃는 것도, 고집스럽게 버티다 도태되는 것도 모두 극단이다. 현명한 사람은 시대의 흐름은 읽으면서도 자신의 핵심 가치는 놓지 않는다. 형식은 유연하게, 본질은 단단하게. 이것이 변화 시대를 살아가는 균형이다.

변화가 두려운 이유는 결과를 모르기 때문이다. 그래서 변화에 익숙해지는 가장 좋은 방법은 '실패해도 괜찮은 작은 시도'를 자주 해보는 것이다. 한 번도 안 써본 앱을 깔아보고, 관심 없던 분야의 영상을 한 편 보고, 평소라면 거절했을 모임에 한 번 나가보는 것이다. 중요한 건 성공이 아니라 '해봤다'는 경험이다. 별로였으면 안 하면 된다. 하지만 그 과정에서 '낯선 것도 해볼 만하네'라는 감각이 생긴다. 이런 작은 시도들이 쌓이면 큰 변화가 닥쳤을 때도 덜 얼어붙는다. '일단 해보지 뭐'라는 말이 입에서 나오기 시작하면, 변화는 더 이상 적이 아니다.

변화를 받아들인다는 것은 무기력해지는 것이 아니다. 오히려 방향을 트는 것이다. 상황을 정확히 파악하고, 제한된 조건 안에서 최대한의 가능성을 끌어내는 것이기 때문이다. '버텨야지'라며 제자리를 고수하는 사람과 '다르게 해볼까'라고 묻는 사람은 1년 뒤 완전히 다른 곳에 서 있다. 전자는 거기서 멈추고, 후자는 거기서 시작한다. 세네카가 말한 지혜는 바로 이것이다. 흐름을 거스르는 데 힘을 쓰지 말고, 그 흐름 안에서 내 방향을 잡으라는 것. 이런 태도를 가진 사람은 어떤 상황에서도 완전히 무너지지 않는다. 길이 막히면 다른 길을 찾고, 문이 닫히면 창문을 본다. 변화를 두려워하지 않는 것을 넘어 변화 속에서 다음 기회를 읽어내는 것이다.

새로운 기술, 달라진 환경, 바뀐 관계, 지금 내 삶에서 저항하고 있는 변화는 무엇인가? 그 변화를 거부한다고 해서 변화가 멈추는가 아니면 나만 뒤처지고 있는가? 반대로, 지금 내가 너무 쉽게 흔들리고 있는 것은 무엇인가? 유행에 따라 이리저리 휩쓸리며 정작 중요한 것을 놓치고 있지는 않은가? 변화를 읽되 휩쓸리지 않고, 흐름을 타되 본질을 잃지 않는 것. 이것이 세네카가 말한 변화의 지혜다. 변화는 멈추지 않는다. 문제는 따라갈 것인가 끌려갈 것인가다. 따라가는 사람은 변화 속에서 방향을 잡고, 끌려가는 사람은 변화에 휩쓸린다. 내가 거부하고 있는 변화는 무엇인지, 그 저항이 나를 보호하고 있는지 아니면 뒤처지게 하고 있는지 오늘부터 한 번 점검해보자. 변화에 올라탈 때, 비로소 변화가 나를 데려다준다.

"변화를 거부하면 끌려간다.

받아들이면 함께 간다"

의미 있는 존재가 된다는 것

"삶은 그것을 어떻게 써야 하는지 안다면 충분히 길다."

— 세네카, 『인생의 짧음에 관하여』

오랫동안 목표로 삼았던 팀장 자리에 올랐다. 축하 메시지와 함께 연봉도 올랐고, 명함에 새 직함이 박혔다. 그런데 며칠이 지나자 감정은 금세 가라앉았다. 문득 '이게 전부일까'라는 생각이 스쳤다. 다음 목표를 세워봤다. 임원이 되면 다를까? 그런데 임원이 된 선배도 비슷한 말을 했다. "올라와 봐도 별거 없더라." 우리는 다음 단계에 도달하면 행복해질 거라고 믿는다. 하지만 막상 도착하면 또 다른 다음 단계가 기다리고 있을 뿐이다. 세네카는 이 함정을 이미 알고 있었다. 그는 삶을 연극에 비유했다. 중요한 것은 무대 위에 얼마나 오래 서 있느냐가 아니라, 그 시간 동안 얼마나 잘 연기했느냐이다. 단순한 즐거움이나 일시적인 만족감이 아니라, 자신의 존재 자체가 세상에 의미 있는 흔적을 남기는 것이야말로 진정한 삶의 목적이라는 것이다. 행복은 변하기 쉽고 외부 조건에 의존적이지만, 의미는 우리 내면에서 나오며 시간이 지나도 변하지 않는 가치를 지닌다. 진정한 성취는 얼마나 즐거웠느냐가 아니라 얼마나 의미 있게 살았느냐로 측정되어야 한다.

현대 사회는 끊임없이 행복을 추구하도록 부추긴다. 주변을 둘러보면 누군가는 더 좋은 집으로 이사했고, 누군가는 아이를 명문대에 보냈고, 누군가는 사업에 성공했다. 나만 제자리인 것 같은 기분이 든다. 새로운 물건을 살 때의 기쁨은 금세 사라지고, 더 비싸고 더 새로운 것을 원하게 된다. 타인의 인정을 받을 때의 만족감도 잠시뿐이다. 남들의 평가가 내 가치를 결정하는 것처럼 느껴지는 순간, 우리는 이미 끝없는 욕망의 굴레에 갇힌 것이다. 반면 의미 있는 존재가 되려는 노력은 우리 내면에서 시작된다. 외부 조건과 상관없이 지속될 수 있다. 의미는 우리가 창조하는 것이기 때문에 누구도 빼앗을 수 없고, 시간이 지날수록 오히려 깊어진다. 진정한 만족은 내가 누구인지, 무엇을 위해 살아가는지를 명확히 알 때 비로소 찾아온다.

그렇다면 자신만의 고유한 사명과 가치는 어떻게 발견할 수 있을까? 이 발견은 하루아침에 이루어지는 것이 아니다. 평생에 걸친 탐구의 과정이다. 먼저 자신이 진정으로 중요하게 생각하는 것이 무엇인지 깊이 들여다보는 것이 중요하다. 어떤 일을 할 때 시간 가는 줄 모르는지, 어떤 활동이 단순한 의무가 아니라 기쁨을 주는지 관찰해보자. 돈을 받지 않아도 하고 싶은 일, 남들이 알아주지 않아도 계속하게 되는 일. 거기에 힌트가 있다. 자신의 재능과 강점을 객관적으로 파악하는 것도 중요하다. 다른 사람들이 어려워하는 것을 자연스럽게 잘하는 영역이 있다면, 그것이 세상에 기여할 수 있는 고유한 방식일 가능성이 높다. 거창한 무대에서가 아니라 지금 내가 서 있는 자리에서 사명이 시작된다. 작은 일상에서, 혹은 주변 사람들을 돕는 작은 행동에서부터 시작될 수 있다.

의미 있는 존재가 되려는 노력이 꼭 대단한 일이어야 할 필요는 없다. 일상의 작은 순간들에서도 의미를 만들어갈 수 있다. 출근길에 동료에게 먼저 인사하는 것, 가족에게 진심 어린 관심을 표현하는 것, 힘들어하는 친구의 이야기에 귀 기울여주는 것. 이 모든 것들이 의미 있는 존재로 성장하는 과정의 일부다. 중요한 것은 매 순간 자신이 어떤 존재가 되고 싶은지를 의식하며 사는 것이다. '지금 나의 행동이 나를 어떤 사람으로 만들고 있는가? 이 선택이 내 주변 사람들에게 어떤 영향을 미칠 것인가?' 이런 질문들을 스스로에게 던져보자. 삶의 의미는 거대한 프로젝트가 아니라 작은 장면들 속에서도 얼마든지 만들어진다.

일시적인 감정의 기복에 휘둘리지 않고 지속적인 가치 창조에 집중하는 것. 이것이 의미 있는 삶의 핵심이다. 기분이 좋을 때는 세상을 다 가진 것 같다가도, 작은 일로 기분이 나빠지면 모든 것이 무의미하게 느껴진다. 하지만 이런 감정의 파도는 자연스러운 현상이다. 거기에 일희일비하는 것은 에너지 낭비일 뿐이다. 진정으로 중요한 것은 감정과 상관없이 꾸준히 지속할 수 있는 가치 있는 일을 찾는 것이다. 화가라면 영감이 없어도 붓을 들고, 작가라면 아무것도 떠오르지 않아도 글을 쓰는 것처럼 감정에 의존하지 않고 꾸준히 할 수 있는 의미 있는 활동을 만들어 나가는 것이다. 눈에 잘 띄지 않는 하루의 선택들이 1년, 5년, 10년을 채우면 전혀 다른 삶이 된다. 감정적 만족보다 장기적 가치에 집중하는 사람만이 진정으로 의미 있는 흔적을 남길 수 있다.

의미 있는 존재로 성장하는 과정에서 반드시 마주치게 되는 도전이 있다. 바로 즉각적인 만족을 포기하고 장기적인 가치를 선택해야 하는 순간들이다. 현대 사회는 빠른 결과와 즉석 만족을 추구하도록 유혹한다. 조회수, 팔로워, 실시간 반응. 모든 것이 즉각적이다. 하지만 진정으로 의미 있는 일들은 대부분 시간이 오래 걸리고, 당장 눈에 보이는 성과가 없을 수도 있다. 한 명의 후배를 진정으로 성장시키는 데는 몇 년이 걸릴 수 있고, 사회적 문제를 해결하는 데는 평생이 걸릴 수도 있다. 나무를 심는 사람은 당장 그늘을 얻지 못한다. 하지만 훗날 많은 사람들이 그 그늘에서 쉴 수 있다. 지금 당장 빛을 발하지 않는다고 해서 무의미한 것이 아니다. 시간이 지나면 그 가치가 드러난다.

의미 있는 존재가 되려면 실패와 좌절을 받아들일 줄도 알아야 한다. 아무리 좋은 의도로 시작한 일이라도 항상 계획대로 되는 것은 아니다. 때로는 예상과 다른 결과가 나오기도 하고, 때로는 완전히 실패할 수도 있다. 하지만 이런 실패들조차도 의미 있는 삶의 일부다. 실패를 통해 우리는 더 깊이 배우고, 더 겸손해지며, 더 현실적인 방법을 찾게 된다. 실패한 시도라도 그 과정에서 누군가에게 영감을 주었을지도 모른다. 다른 사람들이 같은 실수를 하지 않도록 길을 열어주었을 수도 있다. 완벽한 결과를 만들지 못했다고 해서 그 노력이 무의미한 것은 아니다. 진심으로 좋은 목적을 위해 최선을 다했다면 그 자체로도 충분히 의미가 있다. 실패했다는 건 적어도 시도는 했다는 뜻이다. 시도조차 하지 않은 사람보다 이미 한발 앞서 있다.

실패를 받아들이는 것만큼 중요한 것이 있다. 애초에 내가 왜 이 일을 하고 있는지 돌아보는 일이다. 의미 있는 존재로 성장하는 여정에서 빠뜨릴 수 없는 것. 자신과의 정직한 대화다. 우리는 때로 남들에게 보이기 위해서, 사회적 기대에 부응하기 위해서 가짜 의미를 추구하기도 한다. 겉으로는 의미 있어 보이지만 실제로는 자신의 진정한 가치와 맞지 않는 일들을 하며 스스로를 속이기도 한다. 하지만 이런 가짜 의미는 오래가지 못한다. 결국 공허함과 무력감만 남는다. 진정한 의미는 내면 깊은 곳에서 울려 나오는 목소리에 귀를 기울일 때만 찾을 수 있다. 다른 사람들이 뭐라고 하든 상관없이, 내가 진정으로 중요하게 생각하는 가치가 무엇인지 솔직하게 인정하는 것이 먼저다. 때로는 다른 사람들이 이해하지 못할 수도 있고, 때로는 외로움을 느낄 수도 있다. 하지만 자신에게 정직한 삶만이 진정한 의미를 가져다준다.

자신에게 정직해지면 자연스럽게 다음 질문이 떠오른다. '그래서 나는 누구를 위해 살고 있는가?' 의미 있는 존재가 된다는 것은 결국 자신을 넘어 타인에게 긍정적 영향을 미치는 것을 뜻한다. 아무리 개인적으로 뛰어나고 성공했다고 하더라도 그것이 오직 자신만을 위한 것이라면 진정한 의미를 갖기 어렵다. 인간은 본질적으로 사회적 존재이며, 다른 사람들과의 연결 속에서만 진정한 의미를 찾을 수 있다. 내가 가진 재능이 다른 사람들의 삶을 어떻게 향상시킬 수 있을까? 내가 가진 지식과 경험을 어떻게 나눌 수 있을까? 때로는 작은 친절 하나로도 누군가의 하루를 바꿀 수 있다. 중요한 것은 규모가 아니라 진정성이다. 진심으로 타인을 위하고 기여하려는 마음이 있다면, 그 영향력은 생각보다 훨씬 클 수 있다. '그 사람 덕분에 내 삶이 달라졌어.' 누군가 그렇게 말할 수 있다면 그것이야말로 의미 있는 존재가 된 증거다.

우리가 추구해야 할 궁극적인 가치는 무엇일까? 바로 죽음 이후에도 남을 수 있는 진정한 유산과 영향력이다. 우리는 모두 언젠가 이 세상을 떠나게 될 것이다. 그때 남는 것은 재산도, 명예도 아니다. 오직 다른 사람들의 마음속에 남긴 긍정적 변화와 영감만이 남는다. 좋은 선생님은 제자들을 통해 계속 살아가고, 좋은 부모는 자녀들의 가치관을 통해 계속 영향을 미친다. 내가 누군가에게 용기를 주었다면, 그 용기는 그 사람을 통해 또 다른 사람에게 전해진다. 내가 누군가를 진심으로 도왔다면, 그 사람은 또 다른 누군가를 도울 가능성이 높다. 이렇게 선한 영향력은 끝없이 퍼져나가며, 세상을 조금씩 더 나은 곳으로 만든다. 진정한 불멸은 육체가 아니라 영향력에 있다.

의미 있는 존재가 된다는 것은 완벽한 사람이 되는 것이 아니다. 인간은 누구나 한계가 있고 실수를 한다. 하지만 그런 불완전함 속에서도 끊임없이 더 나은 존재가 되려고 노력하는 것, 자신의 한계를 인정하면서도 포기하지 않는 것. 그것이야말로 진정한 의미다. 완벽하지 않다고 해서 의미 없는 존재가 되는 것은 아니다. 오히려 불완전한 인간이기 때문에 다른 사람들과 진정으로 연결될 수 있고, 서로를 이해하고 도울 수 있다. 나의 상처와 실패 경험이 누군가에게는 큰 위로가 될 수 있다. 내가 어려움을 극복한 과정이 누군가에게는 희망이 될 수 있다. 완벽한 사람의 조언보다 같은 어려움을 겪어본 사람의 격려가 때로는 더 큰 힘이 된다.

스스로에게 물어보자. '나는 지금까지 어떤 존재로 살아왔는가? 내가 이 세상에 남기고 있는 흔적은 무엇인가?' 어제까지 어떻게 살았든 괜찮다. 지금이라도 의미 있는 존재로 변할 수 있다. 나이가 많든 적든 상관없다. 중요한 것은 시작하는 마음이다. 작은 것부터 시작해보자. 오늘 하루만이라도 의미 있게 살아보는 것이다. 한 사람에게라도 진정한 도움을 주고, 한 가지 일이라도 진심을 다해서 하는 것이다. 이런 작은 시작들이 모여서 거대한 변화를 만들어낸다.

결국 의미 있는 존재로의 성장은 평생에 걸친 여정이다. 완성된 상태가 아니라 지속적인 과정이다. 매일 새롭게 시작할 수 있고, 매 순간 더 나은 선택을 할 수 있다. 행복을 좇는 대신 의미를 좇아보자. 일시적인 쾌락 대신 지속적인 가치를 선택해보자. 자신만을 위한 삶이 아니라 타인과 연결된 삶을 살아갈 때, 우리는 진정으로 의미 있는 존재가 될 수 있다. 그리고 그런 삶을 살 때, 행복은 저절로 따라온다. 진정한 행복은 의미를 추구할 때 부산물로 얻어지는 것이기 때문이다.

"삶은 길이가 아니라 깊이다.
의미를 추구하면 행복은 따라온다."

오늘은 세네카

초판 1쇄 발행 2025년 12월 30일

지은이	루키우스 안나이우스 세네카
엮은이	김누리
제작	(주)지에이아이시스템
기획	이소연
편집 및 디자인	이은지
출판등록	제2024-000017호
주소	서울시 동작구 양녕로 265, 3층
홈페이지	http://luminarybooks.co.kr/
펴낸곳	뜻채
ISBN	979-11-429-4341-6 03160

- 책값은 뒤표지에 표기되어 있습니다.
- 인쇄 불량이나 파손 등 이상이 있는 도서는 구입하신 서점에서 교환해 드립니다.

뜻채는 생각이 머무는 작은 집을 책으로 짓는 출판사입니다.
우리가 만드는 책 한 권이 여러분의 생각에 오래 머무는 작은 쉼터가 되기를 꿈꿉니다.
제휴 및 기타 문의 luminary@gaisys.com